まえがき

カトリック教会の二千年にも及ぶ長い歴史の中に、迫害された日本の教会がそびえています。迫害によって多くの日本人が殉教しました。そしてキリシタン禁教令がなくなるまでの二百五十年余もの間、信徒たちはミサもご聖体もなく、司祭も不在の中で信仰を守り続けました。

現代の日本は、司祭や修道者がどんどん減り、昔のように信徒が教会の先頭に立ち、信仰の光のたいまつを受け継いでいく時代が迫ってきています。その時は信徒が集会祭儀を行い、主日のみことばを伝えるでしょう。その信徒たちのことを考えて、この本をつくりました。イエスのみことばを広げるために、この本が役に立つならば幸いと思います。

ルイス・カンガス　S．J．

愛と生命と平和

カンガス神父のメッセージ　C年

イエズス会霊性センターせせらぎ 編

INPRIMI POTEST

Tokyo, die June 8, 2015

Yoshio Kajiyama, S.J.

Provincialis

目次

待降節

待降節第一主日

ルカ二十一・二十五―二十八、三十四―三十六
第一朗読　エレミヤ三十三・十四―十六
第二朗読　一テサロニケ三・十二～四・二

今日の福音に、「人々は、この世界に何が起こるのかとおびえ、恐ろしさのあまり気を失うだろう。そのとき、人の子が大いなる力と栄光を帯びて雲に乗ってくるのを、人々は見る」というイエスの言葉があります。これは、いったい何を言いたいのでしょうか。

人間はどん底に落ちる時があります。でも、その時こそ、人の子が栄光を帯びて雲に乗ってくるのを見るというのです。不思議なことですね。一番大変な時こそ、私たちの解放の時が近くなるのです。あの時代の人々にとって恐ろしいことは、太陽や月に徴《しるし》が現れ、海がどよめき荒れ狂うことでした。現代なら、がんの宣告、失業、あるいは大事な人が亡くなることなどでしょう。人間がどん底に落ちるとき、イエスは近い。不思議なことです。大変であればあるほど、かえって神が近い。それを私は実感したことがあります。

私は何年か前に、御殿場にある神山復生病院に行きました。そこで出会ったFさんという患者が良い話をしてくれました。

彼は十二歳の時にハンセン病になり、家を追い出されました。社会からも追い出され、この病院に入りました。彼はどん底に落ち、自分が何のために生きているのかわからなくなり、「もう生きる意味がない」と何度も死ぬことを考えました。その頃、彼は宗教が大嫌いでした。でも、フランスから来た宣教師が自分たちの世話をしてくれる姿を見て、不思議に思いました。

「この人はなぜ、こんな私たちを世話するためにフランスから来たのか。日本の人たちは私を受け入れないが、この宣教師は一生懸命に世話をしてくれる。なぜでしょうか。シスターたちも一生懸命に世話をしてくれる。なぜでしょうか」。

彼は宣教師が読んでいる聖書を読み始めました。そして、だんだんキリストのメッセージに触れているうちに、「洗礼を受けよう」と決心し、それからしばらく経って洗礼を受けました。彼は私にこう言ったのです。「私は聖書に照らされて、自分の病気を受け入れることができました。自分と闘うのではなく、自分と仲良くなることができました。今、私は幸せです。たくさんの人たちが世話をしてくれます。両親から縁を切られ、社会からも見捨てられたとき、私はどん底でした。でも私はどん底に落ちたからこそ、ありのままの自分を受け入れることができたのです。そして、イエスさまの光を知ることができました」。

今日の福音のメッセージは、これから新しい典礼の年を迎えるにあたって、「希望を持ちなさい」ということです。苦しければ苦しいほど、かえって、希望はあるのだ。これはすごいですね。確かに子どもが苦しんでいればいるほど、ますますお母さんは抱きたくなるのです。闇の中にあるとき、かえって真の光を味わうことができる。困難があるとき、その時こそキリストが栄光を帯びてやって来て、私たちを救ってくださるのです。

イエスは私たちの苦しみを取ってくださいません。けれども希望を与えるのです。神はあなたがたの病気を治さなくても、苦しさの中にもっと深い、健康より素晴らしい何かを授けてくださいます。

その期待を持ちながら、新しい典礼の年を迎えましょう。苦しいことがあっても失望しないで、そのような時こそイエスが近くにおられることを、希望と喜びをもって悟ることができますように。このミサの間、その光を願いたいと思います。

待降節第二主日

ルカ三・一―六

第一朗読　バルク五・一―九

第二朗読　フィリピ一・四―六、八―十一

先日、とても心温まる話を聞いたので、今それを皆さんと分かち合いたいと思います。あるご夫婦がこの教会の講座を受け、終わってから家に帰りました。夜九時頃でした。駅を出て帰り道を歩いていると、道端に一人の男性が倒れていました。血まみれでした。雨が降っていました。大勢の人々はその人の前を通っても、知らぬふりをして通り過ぎましたが、そのご夫婦は足を止め、近寄って「救急車を呼びましょうか」と声をかけました。

そのけが人は、外国人でした。警察沙汰になると困ると思ったのでしょう。「救急車は呼ばないでください」と言うので、ご主人がその人を背負って近くの病院まで連れて行きました。ところが、病院の院長は良い顔をしませんでした。「今は時間外なので、救急車で来ないと診ることができないですね。このような時には、すぐに警察に連絡をするべきでしょう」と言われました。

でも、そのご夫婦は、「こんなにひどいけがをしているのですから、とにかく急いで手当てをしてください。お金はいくら掛かっても私たちが支払いますから、どうかお願いします」と必死で頼みました。それでやっと受け付けてくれたので、傷の治療をしてもらうことができました。

院長はそのご夫婦の様子を見て、「あなたがたはキリスト者ですね」と尋ねたそうです。ご主人が「はい、そうです」と答えると、院長は急に態度が変わり、けが人に食事を出して食べさせたということです。それからご夫婦はその場所を通るたびに、いつもその出来事を思い出し、そのような機会を与えてくださった神に感謝しています。

今は待降節、キリストのご降誕を迎える時です。

キリストはクリスマスに、すべての人々の心の中に来られます。イエスは、すべての人々の心の中にご自分がいるということを教えてくださいました。「わたしの兄弟であるこの最も小さい者の一人にしたのは、わたしにしてくれたことなのである」(マタイ25・40)。私たちが人々を迎えることは、イエスご自身を迎えることになります。

今日の福音に「谷はすべて埋められ、山と丘はみな低くされ、曲がった道はまっすぐに、でこぼこ道は平らになる」と書いてあります。私たちが人々を迎えようとしても、高い山や、でこぼこの道、あるいは曲がった道なら、誰も来ることができません。この待降節の間、私たちは自分の心の中の妨げになることを全部片付けて、人々を迎えましょう。伴侶の中に、子どもの中に、会社の人の中にキリストご自身がいらっしゃいます。私たちの周りにおられるキリストは私たちの歓迎を待っています。

今日、ご聖体拝領するときに「イエスさま、私はあなたを迎えたいのです」と祈りましょう。そしてその時、具体的な人を思い浮かべてください。あなたにとって受け入れ難いあの人の中にこそ、イエスはいらっしゃいます。その人を迎えるための力を神に願いましょう。これが本当の待降節の心です。私たちは今、「愛がますます豊かになり、本当に重要なことが見分けられるように」なることを願いながら、ミサをささげています。人々を受け入れる努力をすることによって、私たちはすべての人の中にいらっしゃるキリストのご降誕を迎えることができます。

待降節は希望の時です。洗礼者ヨハネは言いました。「主の道を整え、その道筋をまっすぐにせよ」。主の道を整えるというのは、前向きな心です。私たちが今までどんな人であったか、それはもう、どうでもいいことです。大切なことは、今日から何ができるか、そして明日、神は私に何を望んでいるのかということです。神は過去よりも今を、また、これから何をするかを重んじられる方です。過去に犯した罪を考えるよりも、これからの可能性を活かしましょう。

第二朗読にあるように、神は私たちの中で善い業を始められました。神はみ業を完成されます。必ず、神はあなたの内に、素晴らしい何かを成し遂げられるに違いありません。希望と期待をもって、来られるキリストを迎えましょう。

待降節第三主日

ルカ三・十―十八

第一朗読　ゼファニヤ三・十四―十七

第二朗読　フィリピ四・四―七

相田みつをは、たくさんの素晴らしい詩を書いています。その作品の中に、今に生きることの大切さをきれいに表現した詩があります。

「いま、ここ、じぶん。

その合計が自分の一生」。

今日の福音の洗礼者ヨハネは、「いま、ここ、じぶん」を大切にした人でした。当時、彼は先生と呼ばれ、民衆にさまざまな勧めを教え、福音を告げ知らせていました。皆が、彼こそ自分たちが待ち望んでいるメシアだと思っていると、ヨハネは、「わたしはあなたたちに洗礼を授けるが、わたしよりも優れた方が来られる。わたしはその方の履物のひもを解く値打ちもない」と言いました。

履物のひもを解くのは奴隷の仕事でしたから、先ほど先生と呼ばれていたヨハネは今、自分が奴隷以下だと言っているのですね。その時々の自分の立場を自覚して、受け入れ、それを活かすのは大切なことです。

先日、私は大企業で役員をしている友だちの家に行きました。彼は、会社では上の立場の者として部下を指導したり、会社の方針を決めたり、先頭に立って働いています。ところが、彼の家に入ったとき、絨毯の上で孫たちと一緒に四つん這いになって遊んでいました。それを見た時、この人はすごいなあと思ったのですね。「大企業の役員」から「孫たちのおじいさん」に自分を上手に切り替えることができる彼に、私は感心しました。これは難しいです。と同時に素晴らしいことだと思います。

私は母を尊敬しています。母は切り替えが上手でした。私が赤ちゃんの時におむつを替え、厳しくしつけをしながら育て、親としていろいろなことを教えてくれました。けれども私が司祭になると、母は告解所で私の前にひざまずいて自分の罪を告白しました。やはりその時、母の偉大さを悟りましたね。母としては厳しく接する。でも信者として司祭である息子の前にひざまずいて罪を告白する。これは、なかなかできないことだと思います。

毎日の生活の中で、このような切り替えは大切なことでしょう。でも、正直に言うと、司祭として疲れる原因の一つはこれです。この切り替えは難しいです。ある時は私の部屋に、可愛い赤ちゃんを嬉しそうに抱いているお母さんが訪ねて来ます。すると、私は一緒に喜ぶのですよ。ところがその後に、家族が危篤になっている人が、泣きながら部屋に入ってきます。その時は、その人の痛みを自分の痛みとして感じます。司祭をしていると、毎日このような切り替えが必要な時が何度もあるのですね。これも厳しいことですが、また素晴らしいことです。相田みつをが書いたように、「いま、ここ、じぶん」に生きることができます。

過去のことは、もう過ぎ去ったのですね。自分が置かれている場に心を込めることが大切です。今、心を込めて生きなければ、また明日、今日のことをくよくよすることになります。教会で祈っている時は、ほかのことを忘れて、心を込めて神に感謝する。失敗した時は、心を込めて神に赦しを求める。私は司祭であっても、本当に惨めな人間です。自分がやるべきことを知りながら、思うようにいかない、失敗する、罪を犯します。ところがミサの時には、心を切り替えて、キリストの代わりに祭壇の前に立ちます。パンを取って、「キリストの体」でなく、「これは私の体」と言うのですよ。この切り替えは本当に大事なことです。

今に生きるということは、悩む時があれば悩む。喜ぶ時があれば喜ぶ。洗礼者ヨハネのように、戒める時があれば戒める。そしてへりくだる時があればへりくだることです。私にとって、今に生きるために一番役に立つ考えは、「今、私は神の思し召しを果たしている」と考えることです。この苦しいこと、あるいは喜ばしいことは神の思し召しなのだと。そして、自分のすべてをここに懸けます。

今、待降節です。キリストを迎えるための一番良い準備は、毎瞬、その瞬間に「いま、ここ、じぶん」に生きることです。その恵みを、神に願いたいと思います。

待降節第四主日

ルカ一・三十九―四十五

第一朗読　ミカ五・一―四a

第二朗読　ヘブライ十・五―十

マリアは、天使ガブリエルから「あなたの親類のエリサベトも、年をとっているが、身ごもっている。もう六ヶ月になっている」と告げられました(ルカ1・36)。

おそらくマリアは、それを聞いてとても嬉しかったのでしょう。マリアは急いで山里に向かい、ユダの町まではるばるエリサベトを訪ねていかれました。エリサベトに会い、挨拶をすると、エリサベトの胎内の子は喜んでおどりました。エリサベトも「主のお母さまが来てくださるとは、どういうわけでしょう」と聖霊に満たされて言いました。マリアの訪問はザカリアの家に喜びをもたらしました。その後三か月ほど滞在なさいましたが、その間、きっとマリアは、年をとり、身ごもっているエリサベトをいろいろと助けられたことでしょう。

私たちの家族や社会の中にも、エリサベトのように助けを必要としている人々はたくさんいます。マリアの心は奉仕の心です。その奉仕の心から学び、私たちも実践しましょう。また、その心は言うまでもなく、イエスの心でもあります。イエスも人のために尽くし、人を助けられました。本当にイエスは人々のために生きた方でした。イエスは最後に弟子たちの足を洗って言われました。「わたしがあなたがたにしたとおりに、あなたがたもするようにと、模範を示したのである」（ヨハネ13・15）。

奉仕という言葉を、ひとつの言葉でスペイン語に訳すことはできません。スペイン語で奉仕は「セルビシオ　アモロソ」というのですね。喜びをもって、愛をもって、誇りをもって奉仕するということです。仕方がないからするのではなく、マリアの心、イエスの心で人々のために仕えるということです。無償です。何かを得るためではなくて、喜びをもって人々のために尽くすのです。

この教会には奉仕の精神があります。今一人の方が外で掃除していましたが、笑顔で一生懸命にやっていましたね。また毎日のように朝から晩までクリーンアップのグループなど、いろいろな方が奉仕をしているのです。奉仕の精神は素晴らしいですね。たくさんの才能が活かされています。ミサのとき、聖変化の後に私たちは奉仕できることを感謝して祈ります。病院に見舞いに行ったときに、もう動くこともできない重病の患者さんに会うと、私は手を動かしたり、歩いたりできることが、本当にありがたいことだと気づかされます。感謝の心をもってその恵みを活かしましょう。

奉仕する人はいつも明るい心を持っていると思いますよ。明るい心を持ちたければ奉仕しましょう。クリスマスとお正月を迎えるこの一週間、家庭において奉仕の心を活かす良いチャンスだと思います。奉仕の心がある家庭や教会では、神の祝福を得ると同時に、みんな活気をもって生活することができます。今日私たちは、生まれるイエスを迎えるために、奉仕の心を持つことをイエスとマリアに約束したいと思います。

降誕節

主の降誕（夜半のミサ）

ルカ二・一―十四
第一朗読　イザヤ九・一―三、五―六
第二朗読　テトス二・十一―十四

皆さま、今日のクリスマスミサに、この寒さの中で遠方からこの教会まで、ようこそいらっしゃいました。

クリスマスとはいったい何でしょうか。クリスマスは神の愛の現れです。神が私たちを愛しておられる真の証しがクリスマスです。

電車の中で、もし若い男女がお揃いのジャンパーを着ているのを見かければ、「この二人は同じものを着ているから、きっと恋人同士だ」と、すぐにわかりますね。神は私たちと同じ体、同じ心、同じ人間性を持ちたいと思われたので、人間となられました。イエスは、そのために馬小屋でお生まれになりました。神は私たちと同じ気持ちを味わいたかったのです。

また、神が人となられたのは、私たちを大切にしてくださっていることを示したかったからです。ある友人に待望の赤ちゃんが生まれました。ところが、その子は心臓に大きな問題がありました。でも、お母さんは病気を持っている子どもをありのまま愛していました。神もいろいろな傷みを持っている私たちを、ありのまま大切にしてくださっています。

愛の最高のしるしは何でしょうか。それは一番難しいことですが、「赦すこと」です。ある知り合いの女性は、結婚して三十年の間、家庭のために尽くしてきました。ところがある日、残念ながら夫に愛人がいることがわかりました。その時彼女はとても苦しみました。でも自分の悲しみより、自分の苦労より、夫に対する愛の方が強かったのです。その苦しみを乗り越え、夫を赦しました。今、二人は立派な家庭を持っています。

愛の最高のしるしは赦すことです。イエスは人々を赦しました。ペトロに裏切られても、イエスは喜んで彼を迎えました。また、十字架の上でご自分を十字架につけた人々のために、「彼らをお赦しください」と、父である神に祈りました。

このクリスマスに、あなたはイエスにどのようなプレゼントを贈りますか。イエスはすべての人々の心の中においでになります。このミサの間、人々をありのままに受け入れ、赦しましょう。それをクリスマスのプレゼントとしてイエスに贈りましょう。このような心でミサをささげるとき、神はとても喜んでくださいます。このような心をもって素晴らしいクリスマスを迎えましょう。神は心から私たちを愛しておられます。このミサの間、私たちがそれを味わうことができたら幸いです。

主の降誕（日中のミサ）

ヨハネ一・一―十八

第一朗読　イザヤ五十二・七―十

第二朗読　ヘブライ一・一―六

中世のヨーロッパの地図を見ると、たくさんの小さな国々からできたモザイクのように見えます。フランスもドイツもスペインも、ヨーロッパの国々は今のように一つの大きな国ではありませんでした。サラゴサ王国、グラナダ王国、バレンシア王国、アラゴン王国やカスティーリャ王国などという小国がたくさんありました。

歴史をひもとくと、ヨーロッパでは時々隣の国と契約を結び、一つの国になることもありました。しかし、その契約は長く続かず、すぐにまた分かれています。強い国は隣の国を戦争で占領しましたが、それもまた長く続きませんでした。では、どのようにして国と国が一つになったのでしょうか。アラゴン王国とカスティーリャ王国は、アラゴン王国の王子が隣のカスティーリャ王国の王女と結婚し、二人の間に子どもが生まれることによって、初めて真の一致が実現しました。一四七九年、カスティーリャ王国とアラゴン王国の合併によって、スペイン王国が成立しました。今までの敵対はなくなり、真の平和がもたらされたのです。

神の国と人間の国との間にも分裂がありました。神は何度も預言者を送って神と人間の一致を図ろうとしましたが、その一致は長く続きませんでした。けれども、イエスによって神と人間は一致しました。イエスは神の子でありながら、と同時に人間であるマリアの子です。イエスは神と人間の子としてお生まれになりました。御降誕は人類の歴史の中心です。西暦はキリストが生まれた年の翌年を元年と定めています。人類にとって一番大事な瞬間は、御言葉が人となられ、イエスによって真に神と人間が一つになった時です。

神が人間になり、神であるイエスが死まで味わうことになりました。私たちに、永遠に生きる恵みと、神の子どもとなる恵みが与えられました。それは、御降誕の奥義によって可能となったのです。今日味わっている奥義は、私たちの救いの始まりです。神は人類の歴史の中に入り、人間は神の命に与ることができました。イエス・キリストの御降誕は、人間と神との接点です。

それをルカはきれいに表しています。ベツレヘムには泊まる場所もなく、マリアは馬小屋の中で子どもを産まなければなりませんでした。マリアもヨセフも、人間的な弱さを持っていました。貧しい馬小屋で、救い主イエスはお生まれになりました。その人間らしさのうちに、また神的な味もありました。天使たちが喜ばしい平和の歌を歌い、羊飼いたちが拝みに来たとき、マリアとヨセフは神的な喜びを味わいました。

私たちは毎日、人間のいろいろな弱さを味わっています。私たちはエゴに束縛され、自分の惨めさを味わい、悩んでいます。でも、キリストはその束縛から私たちを救うために来られました。今日のミサの間、私たちはマリアとヨセフと天使たちと一緒に、その救いの喜びを味わいましょう。

私たちは本当に神の子どもです。この小さな人間が恵みによって永遠に生きることができるのです。私たちの心の中に神の種が宿っています。この喜びを、私たちは周りの人々と分かち合っていきましょう。

聖家族

ルカ二・四十一—五十二

第一朗読　サムエル上一・二十—二十二、二十四—二十八

第二朗読　一ヨハネ三・一—二、二十一—二十四

聖家族は、父ヨセフと母マリア、子どもであるイエスの三人家族です。今日は聖家族の祭日なので、私たちがそれぞれ家庭で置かれている立場を考えながら、聖家族から学んでいきたいと思います。

中国に「家庭は子どもに腐植土と翼を与える」ということわざがあります。幼いイエスは、ヨセフとマリアから腐植土と翼を与えられて育ちました。

公生活の前にイエスがどのような生活をなさっていたかについて、福音には詳しいことは書かれていません。福音に書かれているのは、エルサレムからナザレに帰った後、「両親に仕えてお暮しになった」こと、「知恵が増し、背丈も伸び、神と人とに愛された」ことだけです。

まず、どのようにイエスが育てられていったのかを考えてみましょう。イエスの身体は、ほ

かの子どもたちと同じように成長しました。幼い赤ちゃんだったイエスは、活発な子どもになり、時間が経つにつれ、たくましい青年に成長していきました。お父さんのヨセフを見ながら、大工の仕事を学んでいき、一人前の大工として共に働いたことでしょう。聖家族の中で、これから迎える忙しい公生活に飛び込むことができるように教育を受け、読み書きを学び、会堂で教えを受けたり、聖書を読んだりしました。また、イエスは両親の後ろ姿を見ながら、心の広さを学びました。公生活の間に表したように、迷う羊のように途方にくれる人に対する憐れみも学びました。そして、人々に愛されました。

今日の福音に、イエスが学者たちの真ん中に座り、話をしたり質問をしたりしておられるのを聞いて、皆イエスの賢い受け答えに驚いたと書いてあります。イエスは神として、御父との関係を絶えず保ち、同時に人間として、神のみ前でどのような態度と心を持ったらよいかを考えながら、それを身に付けられました。そして、ますます神に愛されました。

いずれ子どもは自分の家から離れて、与えられた使命を果たすために翼を広げて社会に飛び出していきます。社会に出てからも、自ら挑戦する人になるように育てていきましょう。

イエスもナザレの家で、良い土で育てられた若木のように、一人前になるまで育てられ、成長した鳥が翼を広げて巣から飛び立つように、公生活に入りました。そして、神の御国の良い便りを伝えました。

　私たちも、一人ひとりの立場からナザレの「聖家族」を観て、どのような家庭をつくったらよいかを考えてみたいと思います。子どもに腐植土と翼を与え、子どもたちが神と人とに愛される人間になるように祈っていきましょう。

神の母聖マリア（1月1日）

ルカ二・十六―二十一

第一朗読　民数記六・二十二―二十七

第二朗読　ガラテヤ四・四―七

皆さまのお手もとに小さな紙が置いてありますが、その紙に新しい年の目標を書いてください。後ほどご聖体拝領をするときに、私たちの神へのささげものにしましょう。今はお正月ですから、今年の目標と同時に、お年玉のことが気になっている人もいるでしょう。特に子どもたちはそうだと思います。

私は今年の目標を何にしようかといろいろ考えましたが、結局「心の世界を大切にしよう」ということに決めました。日本は物質的に恵まれ過ぎているので、さまざまな心痛む出来事があります。物より心の世界が私たちにとって大切なことでしょう。もし、心のお年玉をもらったら、私たちは誰でも心から喜ぶと思います。

心の世界は素晴らしいです。私たちは人から信頼されたこと、大事にされたこと、ありがとうと言われたことは、いつまでも心に残ります。食事を一生懸命準備したとき、ご主人や子どもたちから「お母さんありがとう。おいしかった」と言われると、本当に何よりのお年玉ですね。「ありがとう」の言葉は、お金や物よりうれしいものだと思います。去年、このようなお年玉をいただいたと思いますが、今年も心のお年玉を人々にあげていきましょう。

また、司祭として毎日曜日の説教は大事なものです。私はいつも苦労して準備します。時々説教の後に、誰かが「神父さま、今日話してくださったことは私にとって、とても必要なものでした。ありがとうございました」と心から言ってくださると、大きな喜びを感じます。心の世界は本当に大事なことですね。兄弟に対してそのような心遣いを持つようにしましょう。それがこの一年の目標なら素晴らしいと思います。

今日は、神の母聖マリアの祭日です。マリアは神の母として、何をなさったのでしょうか。マリアは心の世界を何よりも大切になさった方でした。イエスは貧しい馬小屋にお生まれになりましたが、どんな子どもよりも温かく迎えられました。マリアの温かさは、どんな羽根布団より温かかったと思います。

今日、世界平和のために教皇は素晴らしい話をなさいました。小さいグループを大事にしましょうと声をかけられました。これは人々を大切にすることです。ひと言でいうと、よく知られているアシジのフランシスコの平和の祈りの精神です。尽くすこと、喜びをもたらすこと、赦しを与えること、光をもたらすことです。今日このミサの間、過ぎ去った一年を振り返って感謝しながら、これから始まる新しい年を迎えるにあたって、心の世界を大切にする恵みを願いましょう。

主の公現

マタイ二・一—十二

第一朗読　イザヤ六十・一—六

第二朗読　エフェソ三・二、三b、五—六

今日、皆さまは何とも言えない荘厳な気持ちを持っていると思います。古い年が終わり、新しい年が始まるということだけではないのです。新しい時代が芽生えたということに、私たちは大きな責任を感じています。今、日本はテクノロジーなど、いろいろな面で世界でも上位の国として知られています。けれども、決して先行きは明るいと言えないと思います。

元旦に新聞の社説を読みました。「今この国を動かしているのは、どちらかと言えばお金である。デモクラシーではなくてエンクラシーに変わってきた」と、そこには書いてありました。

今こそ、天を仰いで星を見ましょう。ベートーベンは、シラーの詩を素晴らしいコーラスで歌う第九交響曲を作曲しました。

「星空の上に神を求めよ。

星の彼方に必ず神は住みたもう」。

今こそ信仰を持っている私たちの出番です。日本は宗教を求めています。ノーベル賞科学者の湯川秀樹は、「科学は人間を物質主義にする。新しい価値観、新しい道徳を定める必要がある。その価値観を定めるのは科学者ではなく、宗教家と哲学者である」と言っています。

この前の十二月二十四日のクリスマス・イブに、たくさんの兄弟姉妹たちは、心に輝く星を探してこの教会にいらっしゃいました。「物はもう要らないです。新しい何かを、心満たす何かを与えてください」と。

今、大きな責任を感じて、日本の皆さんは星がどこにあるのかと探しています。私たちはその星を見ているのです。会社や学校の友だちは星を探しています。私たちの出番です。みんなで同じ方向に向かって進んで行きましょう。すべての人々はキリストに呼ばれています。この星はただ方向を教えるだけでなく、進んでいくための力も与えてくれます。

星は必ず私たちをキリストまで導くでしょう。星は希望を与えるのです。星を通して心の中に希望が輝きます。肉眼で見える星だけでなく、心で見える星を通して神を観ましょう。私たち一人ひとりはその星を持っています。それを人々と分かち合うことが、私たちの召し出しです。

主の洗礼

ルカ三・十五―十六、二十一―二十二

第一朗読　イザヤ四十・一―五、九―十一

第二朗読　テトス二・十一―十四、三・四―七

洗礼という秘跡は、二つの角度から見ることができると思います。一つは感覚から、もう一つは信仰の角度からです。感覚的に見ると、洗礼はそれほど大したことではないでしょう。おそらく、あなたもそうだったかもしれませんが、洗礼を受けたとき、期待していたほど感動を受けず、少しがっかりした方もいたかもしれません。

洗礼を受けたにもかかわらず、前とほとんど変わらないということはよくあります。Aさんは洗礼を受けていて、Bさんは受けていない場合でも、だからといって、AさんはBさんよりいろいろな面で優れているということもありません。もしかすると、BさんよりAさんの方が、欠点が多くあるかもしれないのです。やはり感覚的に見ると、洗礼は大したことではないのでしょう。

けれども、ポイントは信仰にあります。イエスは言われました。「信じて洗礼を受ける者は救われる」(マルコ16・16)。やはり、信仰の目で見れば、洗礼には非常に大きな意味があるということです。

イエスは天に上る前に「あなたがたは行って、すべての民をわたしの弟子にしなさい。彼らに父と子と聖霊の名によって洗礼を授け(なさい)」と最後に言われました(マタイ28・19)。信じる人にとっては、洗礼は非常に重みがある大事なことです。ここに集まっている私たちは信仰をもって、イエスが教えてくださることに懸けてきました。

ヨハネの手紙一の三章九節に、「神から生まれた人は皆、罪を犯しません。神の種がこの人の内にいつもあるからです」と書いてあります。また、イエスが洗礼を受けられたとき、天が開け、聖霊が鳩のように目に見える姿でイエスの上に降り、「これはわたしの愛する子」という声が聞こえました。

洗礼によって私たちも神の子どもとなります。神の種が私たちの心の中に留まるのです。神の種。美しい言葉ですね。種というのは小さいでしょう。つまらないものに見えるのですが、この種を畑に蒔き、水をやり、世話をすると、美しい、芳しい香りの花が咲きます。不思議なことですね。小さな種の中にそんなに素晴らしい力が隠されているのです。神の種は洗礼によって私たちに授けられます。素晴らしいことです。それによって私たちは神の跡継ぎになります。このような恵みをもって死ぬ人は天国に行くことができます。洗礼は素晴らしい恵みです。

プロテスタントのバプテスト派では洗礼はバプテスマと言います。私はこの言葉が好きです。バプテスマは全身を浸水させることです。昔の人々は水の中で洗礼を受けました。洗礼を授ける人が尋ねます。「あなたは神を信じますか」。「信じます」と受ける人が答えると、水の中に頭まで沈め全身を水に浸しました。あの時代の洗礼の器は面白いものでした。小さなプールのようで、降りるところに三段の階段がありました。この三段というのはキリストが三日間墓の中に入っていたということを表すものです。私たちは洗礼を受けることによって、キリストの死にも与ることになります。キリストと共にすべての罪に死ぬのです。また、水の中で洗礼を受けた人は、今度は違うところから出てくるのですが、これは復活を表しています。私たちは洗礼を受けることによってイエスと一つとなります。キリストと共に死に、キリストと共に復活するのです。

年の初めに、新しい心で洗礼の恵みを味わいたいと思います。幼児洗礼の方は両親に感謝の心をもって、また大人として洗礼を受けられた方は洗礼の時の気持ちをもう一度思い出しながら、「主よ、洗礼の恵みを新たにすることができますように」と祈りましょう。

洗礼を受けると、私たちはどのような心になるのでしょうか。マリアが天使に「お言葉どおり、この身になりますように」と言ったように、自分のすべてを神に任せるようになっていきます。神に「主よ、あなたがわたしの内で働いてください。何でも思い通りになさってくださ い」と心を開いて祈ることによって、神の霊が私たちの心の中に降りて来てくださいます。

昔の人々が洗礼を受けるときに水の中に飛び込んだように、心からの信頼をもって、私たちの毎日の小さなことも、罪も、悩みも全部忘れて無限の神の懐に飛び込みましょう。

四旬節

四旬節第一主日

ルカ四・一―十三

第一朗読　申命記二十六・四―十

第二朗読　ローマ十・八―十三

私たちが人生の中で誘惑や試練に遭《あ》うのは当然のことです。嫌なことかもしれませんが、それは非常に大切なことです。私たちは試みや困難によって強くなります。

ある女性は身体障害者の子どもを育てているので、とても苦労しています。でも、悩みを相談しようと思うと、誰もがその人のところに行きます。彼女は本当にほかの人にない「何か」を持っているのです。

人間は誘惑や試練によって本物になります。家庭にいても、修道会にいても、人として本物になるのは、いろいろな試練があるときです。「主の祈り」を唱えるときに「誘惑に陥らせず」と言いますが、スペイン語とフランス語では「誘惑に遭わせないように」という意味と、「誘惑に負けないように力を与えてください」という二つの意味があります。私はいつも後の方のニュアンスで唱えます。困難や嫌な出来事、良くない想念などを避けるということではなく、このような難しさに遭うときに力を与えてください、と祈ります。私たちは誘惑や試練を乗り越えることによって、人としての器が大きくなり、ほかの人々を理解し、受け止めることができるようになるのです。

悪魔はイエスに向かって「もしわたしを拝むなら、みんなあなたのものになる」と誘惑しました。今、いろいろなものが神として私たちの前に立っています。きっと多くの人々にとって、お金はある種の神です。

神というのは何でしょうか。神とは自分にとって一番大事なもののことです。たくさんの人々が、権力や名誉やお金を得るためにすべてを懸けています。その人々にとって、神は権力、あるいは名誉やお金です。今、人間は最先端の技術でいろいろなことができます。現代人は傲慢になりやすいのです。

四旬節が始まっています。昔のように厳しい断食はしませんが、教会が強く勧めているのは、愛に満ちた節制です。ただ苦行するだけで終わらないようにしましょう。親切にしたり、必要としている人々にお金を寄付したり、何か愛を表すことを自分なりに決めましょう。それをこの四旬節の間続けていくなら、きっと今年の復活祭は私たちにとって、特別な深さと意味を持つと思います。

四旬節第二主日

ルカ九・二十八b―三十六

第一朗読　創世記十五・五―十二、十七―十八

第二朗読　フィリピ三・十七～四・一

人間は旧約時代の昔から神について考えてきました。旧約聖書にあるように、ある人にとって、神は恐ろしい力を持っている、近寄りがたい存在でした。また、ある人にとっては、神は厳しく裁く方でした。人々はすべてを造られた神はどのような存在なのか、知りたくてたまりませんでした。

そこで神はご自分の存在を知らせるために、イエスを送ってくださいました。イエスを通して私たちは神を知ることができます。イエスはどのような方だったのでしょうか。

イエスは困っている人を助け、病気の人を癒し、罪人を正しい道に導くために全力を尽くす方でした。「医者を必要とするのは丈夫な人ではなく病人である。わたしが来たのは、正しい人を招くためではなく、罪人を招くためである」（マルコ２・17）と言われました。このイエス

の温かさを通して、私たちは父である神が弱い人の味方だと知ることができます。罪人に対して、イエスはいつも赦しを与えられました。私たちはこのイエスの寛大さを通して、弱い人を赦される神のみ心を知ることができます。

よく見てください。十字架に釘づけられたキリストを。その隣には復活のキリストがおられます。第二朗読に「キリストの十字架に敵対して歩んでいる者が多いのです。彼らの行き着くところは滅びです」と書いてあります。キリストは自分の行いを通して、私たちがどのように歩むべきかを教えてくださいます。神は何のために人を造られたのでしょうか。確かに人間はいろいろな悩みや困難にぶつかりますが、十字架を通して復活に至るということを、キリストは教えてくださいました。

壁を通して光は届きません。自我に満ちた人間であれば、その人を通して神は光を照らすことができないのです。心を清めると、神は私たちを通して人々を照らすことができます。今日の福音で、イエスが祈っておられるうちに、顔の様子が変わり、服は真っ白に輝いたという、栄光に輝くイエスの姿が描かれています。祈りによって、私たちも神に満たされ、神の光に照らされます。それによって、周りの兄弟たちに素晴らしい光を与えることができます。信仰によって、私たちの人間的な味わいがなくなるのではなく、それが活かされるのです。神に満たされて人々を照らしましょう。

数日前にタクシーに乗りました。その時タクシーの運転手さんはこう言いました。「私は夜、いつも教会の前を通るときに、不思議な気持ちになります。自分が都会の雑踏の中にいることを忘れてしまいます。夜になると、教会の灯《あかり》でステンドグラスが照らされるでしょう。その光を通して心の世界に触れることができるのです」。

教会の灯で照らされたステンドグラスのように、私たちも周りの人々に光、希望、喜び、救いと愛を与えましょう。

四旬節第三主日

ルカ十三・一―九

第一朗読　出エジプト三・一―八a、十三―十五

第二朗読　一コリント十・一―六、十―十二

数年前に、ある宣教師がスペインからやって来て、私に尋ねました。「日本人はどんな国民ですか。日本に来る前にいろいろな本などを読みましたが、よくわかりません。親切な国民ですか。思いやりのある国民ですか」。私は答える前に、逆に彼に尋ねました。「あなたにとってスペイン人は親切な国民ですか。スペイン人は思いやりのある国民ですか」。彼はすぐに答えました。「スペイン人は思いやりのない、冷たい国民です。親切ではない」。そこで私は言ったのです。「あいにく日本人も思いやりのない、冷たい国民です」。

たまたま二、三年経ってから、もう一人の宣教師がスペインからやって来て、同じ質問をしました。「日本人はどんな国民ですか」。また同じように、逆に私は尋ねたのです。「あなたにとってスペイン人はどんな国民ですか」。彼はすぐに答えました。「ああ、スペイン人はなかな

か良い国民です。明るく、思いやりのある人や、協力的な人がたくさんいます」。そこで私は「日本人も明るく、思いやりのある人がたくさんいます。協力的で、親切な国民です」と言いました。

皆さま、私が言いたいことはよくお分かりになると思います。周りの人々は私たちの鏡です。周りの人々は、私がどのように生きているかということを教えてくれます。問題は周りの人々にはないのです。問題は自分にあります。

もし、あなたの家庭が冷たい家庭なら、問題はあなたにあるのです。会社の雰囲気が良くなければ、問題はあなたにあるのです。学校が面白くなければ、やはり問題は自分にある。周りの人々は私たちの行いの鏡です。社会を作るのは私たち一人ひとりです。家庭の雰囲気を作るのも私たち一人ひとりです。やっていることは必ず自分に返って来るのです。

今日の福音で、イエスは「あなたがたも悔い改めなければ、皆同じように滅びる」と言われました。悔い改めるとは改心することです。改心、きれいな漢字ですね。心を改める。行いより先に、心を変える。すべては心から始まります。私の心を改めれば、私の行いは良い行いになります。私の行いが正しければ、必ず周りの人々は、私に対して親切で協力的な人になります。世界の平和は、一人ひとりの心の中から始まります。私たち一人ひとりが改心しなければならないのです。

ある時、四十代の女性でしたが、どうしてもブラジルに行きたいと言うのです。いろいろな話をしてみると、結局、行きたいというより、日本から逃げたいと思っているようでした。「日本はつまらない。どこに行っても、何回も仕事を変えても面白くない」と彼女は言いました。そこで私は彼女に、「あなたはブラジルに行っても自分が改心しない限り、どこに行っても面白くない、ということが決まっています」と言いました。そこで彼女は笑って、「神父さま、私の姉も同じことを言いました。いくら逃げても、自分から逃げることはできませんね。必要なことは私自身が改心することですね」と言いました。その通りです。

改心する。心を改める。それはなかなか難しいことです。でも、神が共にいらっしゃるなら、できないことは何もないのです。今日の第一朗読でモーセは神に遣わされました。モーセは自信がなかったので、自分は弁が立つ方ではないと神に訴えます。すると神は「わたしはあなたの口と共にあって、あなたが語るべきことを教えよう」と言われました（4・10―12参照）。このミサの間、神は共におられるということを味わいましょう。

四旬節は、自分自身を反省し、改心するように努力する時です。自分の力も必要です。でも一番大切なことは「神さま、これを改めることができますように」という祈りです。神はその力を与えてくださいます。パウロは、「わたしを強めてくださる方のお陰で、わたしにはすべてが可能です」（フィリピ４・13）という確信を持っていました。

会社の雰囲気を良くするために、どうすればよいのでしょうか。まず、自分が良い雰囲気にするために心掛けてください。そうすると、周りの人々は少しずつ変わっていきます。

家庭の雰囲気が面白くないときに、どうすればよいでしょうか。自分が改心してみてください。家族は必ず変わってくるでしょう。若い人はすてきな人と結婚したいという夢があると思います。どのように出会ったらよいかと心配しないでください。あなた自身が、出会いたいような人になってください。立派な男性は立派な女性と結婚します。

お母さんは子どもの教育について、心配しないでください。子どもはあなたの行いを見て学んでいます。子どもにこうなってほしいと思う人間になってください。司祭としていろいろな子どもを見ますが、時々お母さんとお父さんを見なくても、子どもの態度、行いを見てどんな両親か想像ができるのです。やはり間違わないですね。子どもは親の鏡です。配偶者はあなたの鏡です。会社の人はあなたの鏡です。あなたが周りの人たちに変わってほしいならば、まず一番に、あなたが改心しなければならないのです。

神は私たちと共におられます。改心のために神の力を願いましょう。

四旬節第四主日

ルカ十五・一―三、十一―三十二

第一朗読　ヨシュア五・九a、十―十二

第二朗読　二コリント五・十七―二十一

イエスの教えの中で一番大事なのは、愛の教えであると言われています。そして、パウロは、「いつまでも続くのは信仰と希望と愛、そのうち最も大いなるものは愛である」とコリントの信徒への手紙に書きました。

イエスは私たちに希望を与え、すべてを活かしてくださいます。神のみ手から出るものは全部良いものばかりです。しかも、イエスは悪である死も、罪さえも、活かす力を持っていました。ご復活によって、イエスは死を活かされました。聖土曜日の復活賛歌で「アダムの罪、キリストの死によってあがなわれた罪、栄光の救い主をもたらしたこの神秘よ」と歌われます。アダムの罪について、日本語訳では省略されてしまっていますが、ラテン語の原文では「幸いなるアダムの罪」と言います。「幸い」と「罪」、これは一見矛盾しているように思われますが、アダムが罪を犯したのは私たちにとって幸いなことでした。なぜなら、その罪から救うために、神が御子イエスをお遣わしになり、イエスが私たちの兄弟になったからです。これは本当に素晴らしいことです。パウロは「罪が増したところには、恵みはなおいっそう満ちあふれました」（ローマ5・20）と言っています。

今日の福音は放蕩息子のたとえ話です。放蕩の限りを尽くして、すべての財産を使い果たし、食べる物にも困った息子は、父の家に帰ろうと思いました。もう息子と呼ばれる資格はないと思っていたので、父親に受け入れられるかどうか、不安な気持ちでいっぱいだったでしょう。ところが家に帰る途中、まだ遠く離れていたのに、父親は彼の姿を見つけると走り寄って首を抱き、接吻してくれました。

放蕩息子は「家に帰る前から、私はお父さんに赦されていた。最初からわが子として大切にしてくれて、私を憎んだこともない。お父さんの心の中に自分はいつもいたのだ」と、初めて悟ることができました。

大事な息子として受け入れてくれただけでなく、帰ってきた放蕩息子のために父親は一度もしなかったことをしてくれました。今まで兄には子山羊一匹さえ屠《ほふ》ることがなかったのに、父親は肥えた子牛を屠り、祝宴を始めます。

父は誠実で、温かく、寛大な人間でした。放蕩息子は罪を犯しましたが、失敗があったからこそ、幸いなことに父親の深い愛を味わうことができました。「私が罪を犯しても、なお前より一層私を愛してくださった」と。兄は長年一緒にいて、父親に仕えていましたが、お父さんの深い愛を知ることができなかったのです。

ルカの同じ十五章に見失った羊のたとえ話があります。羊飼いは九十九匹の羊を置いて、失った一匹の羊を捜しに行きました。羊飼いの背中に乗せられた羊は、迷った羊でした。迷った羊は、ほかの羊より大切にされました。

小さき花の聖テレジアは「マグダラのマリアは、たくさんの罪を犯したから、より深くイエスの愛を味わうことができたのでしょう」と言いました。これは「罪を犯しましょう」と言っているのではありません。イエスは、心から私たちを愛してくださっているので、罪を犯せば犯すほど、私たちをより深く憐れんでくださるのです。

失敗する人、罪を犯す人、病気などで悩んでいる人、そのような人をイエスは、より深く憐れまれるということを今日の福音は教えています。放蕩息子のお父さんは息子を大切にしました。僕《しもべ》たちに「一番良い服を持ってきて、この子に着せ、手に指輪をはめてやり、足に履物を履かせなさい」と言いました。昔の指輪には印鑑がついていて、権利のしるしでした。指輪をはめるのは、すべての権利を与えられるということになります。

来週は共同回心式があります。回心式では心を改めて神に立ち帰り、足りなかったところや過ちを反省し、赦しを願います。すると神は共同体全体に大きな恵みを与えてくださいます。

私たちが失敗し、弱さがあっても、私たちは神から見捨てられるのではなく、その失敗を通して、私たちは神のより深い心を知ることができます。失敗を活かしましょう。イエスの素晴らしいところはこれです。すべてを活かす。死も活かす。罪も活かします。弱ければ弱いほど、私たちは放蕩息子のように、より深く父である神を知ることができます。放蕩した息子は、兄よりもっと深く父親の心を悟ることができました。

イエスは本当に素晴らしいものをもたらしました。希望を持ちましょう。どんな失敗があっても、どんな罪があっても、その時こそ素晴らしい花が咲きます。私たちの弱さを通して、神のより深い愛を悟る恵みを願いたいと思います。

四旬節第五主日

ヨハネ八・一―十一

第一朗読　イザヤ四十三・十六―二十一

第二朗読　フィリピ三・八―十四

今日の福音は非常に感動的な話です。ファリサイ派の人々は、イエスを試す良いチャンスだと思い、姦通の最中に捕まえられた女をイエスのところへ連れて行きました。彼らはイエスが必ず赦すだろうという確信を持っていました。「姦通をした女は石で打ち殺さなければならない」という律法を守らなかったという理由で、イエスを訴えようと考えていたのです。

彼女はイエスの前に立たされたとき、どんな気持ちだったでしょうか。イエスや世間に対して、特に神に対して恥ずかしくてたまらない気持ちだったと思うのです。イエスが「罪を犯したことのない者が、まず、この女に石を投げなさい」と言うと、一人、また一人立ち去り、最後にイエスと女だけが残されました。イエスが美しく愛に満ちた言葉で、「わたしもあなたを罪に定めない」とおっしゃったとき、彼女はどんなにほっとしたことでしょう。その有り難みを深く味わったのですね。

今日、キリストのご復活を迎えるために、教会として、私たちが個人として、また社会人として今まで犯した失敗を思い起こし、それを認め、赦しを願いたいと思います。告白をして、赦しの有り難み、赦しの喜びを味わいましょう。

イエスは赦しについて「赦されることの少ない者は、愛することも少ない」と話しました。あの多くの罪を犯した婦人は、涙でイエスの足をぬらし、自分の髪の毛でぬぐい、足に接吻をして香油を塗り、多くの愛を示しました。ルカ福音七章に書いてありますね。多く赦されることによって、もっと多くの喜ばしい愛を味わうのだとイエスが教えてくださいました。赦しの秘蹟によって、復活の新しい命と喜びを味わうことができます。今日私たちは、告白するときにこの恵みを新たに味わいたいと思います。

私たちは罪が赦されるとき、私たちの心から悪いものを出すと考えます。汚いものが出て行き、心が空っぽになるのだと思うかもしれませんが、そうではないのです。では、どのようにして罪が赦されるのでしょうか。

それは、心の器の中に多くの恵みが入ることによって、罪が出ていくのです。私たちが告白するとき、恵みで満たされているのですよ。夜になると、部屋の中は真っ暗でしょう。この暗闇をなくすためにはどうすればよいでしょうか。やはり光を入れるのですね。赦しの秘蹟によって私たちの心の中に光が入り、自然に暗闇がなくなってしまうのです。聖人たちは頻繁に告白しました。罪が赦されるためというより、恵みをいただくために度々告白をしました。

今日家に帰りましたら、第一朗読と第二朗読をゆっくり味わってください。第一朗読に書いてあります。「昔のことを思いめぐらすな。新しいことをわたしは行う。今や、それは芽生えている」。第二朗読には、「なすべきことはただ一つ、後ろのものを忘れ、前のものに全身を向けつつ、目標を目指してひたすら走ることです」と書いてありますね。前向きです。今度の日曜日は枝の主日ですから、赦された喜ばしい心を持つように私たちの心を準備しましょう。イエスと共に、喜んでご復活を迎えることができますように。

姦通の女がイエスに赦されたときの気持ちを、私たちも味わうことができれば幸いです。

受難の主日（枝の主日）

ルカ十九・二十八―四十

第一朗読　イザヤ五十・四―七

第二朗読　フィリピ二・六―十一

今日、イエスは子ろばに乗って、賛美の歌と共にエルサレムにお入りになりました。五日後に厳しい苦しみを受け、殺されるということを知りながら、イエスがすすんでエルサレムにお入りになったのは、とても不思議なことです。

これから起こることを、イエスは一つひとつお考えになっていたでしょう。ゲッセマネでの悲しみ。ユダに裏切られ、ペテロに否まれ、鞭打たれ、十字架を背負って歩く道。裸にされ、釘で十字架につけられ、乾きと痛みに苛《さいな》まれながら、息を引き取るだろうと。「罪と何のかかわりもない方を、神はわたしたちのために罪となさいました」とパウロは手紙に書きました（2コリント5・21）。

苦しみは愛のしるしであり、また秤《はかり》なのです。愛する人のために苦しむことによって、その人に対する愛は深くなります。苦しみを耐えることとは、愛の深さを表します。マザー・テレサは、「本当の意味で愛するということは、傷つくことです」と言いました。真の愛は痛みを伴います。愛と痛みと苦しみは分けることができないのです。

イエスは苦しみによって、私たちにご自分の愛を表してくださいました。第二朗読に書いてあるように、「キリストは神の身分でありながら、神と等しい者であることに固執しようとは思わず、かえって自分を無にして、僕《しもべ》の身分になり、人間と同じ者になられました」。そして、「友のために命を捨てること、これ以上に大きな愛はない」（ヨハネ15・13）と言われた通りに、御受難の間、私たちをどれほど愛しておられるかということをイエスは身をもって示してくださいました。なぜ母親は、自分の子どもをあんなに深く愛しているのでしょうか。いろいろな理由があると思いますが、一番大きな理由は子どもを生んだ時にとても苦しんだからだと思います。出産の苦しみは子どもに対する愛を深くします。御受難によってイエスは、これ以上愛することができないほど、私たちを深く愛してくださいました。

旧約聖書の神と、新約聖書の神の姿はまるで違っています。旧約の神はすべてを支配し、全能で、人々から崇拝される神です。けれども、イエスによって描かれている新約の神の姿は、ゲッセマネに於いて悲しみもだえる神です。ユダによって裏切られ、弟子のペトロに否まれ、十字架と鞭打ちで苦しめられる神です。

苦しみ、十字架は神に近づいていく道です。私たちは十字架を担うことによって、私たちの神に対する愛と、人々に対する愛を表すことができます。そして私たちの愛は深くなっていきます。イエスがすすんでエルサレムにお入りになったのは、御父と私たちへの深い愛を表すことができたからです。

復活節

復活の主日

ヨハネ二十・一―九
第一朗読　使徒言行録十・三十四a、三十七―四十三
第二朗読　一コリント五・六b―八

今日の福音に三人の人物の姿が描かれています。

一人はヨハネです。ヨハネはイエスに出会ってから、たえずイエスに従い、イエスと共に人生の道を歩みました。イエスもそのヨハネを特別に愛されました。今日の福音にも出てくる「イエスが愛しておられた弟子」というのは、ヨハネだと言われています。イエスが十字架の上で亡くなったときにも、「愛する弟子」ヨハネはずっとそばにいました。最後の晩餐で、イエスの胸もとに寄りかかったのは「イエスが愛しておられた弟子」（ヨハネ13・23―25）でした。イエスの墓に一番先に着いたのも、彼でした。また、ティベリアス湖畔にイエスがお現れになったとき、岸に立っている人がイエスだと分かったのは、「イエスの愛しておられたあの弟子」――ヨハネだけでした（21・4―7）。彼は鷲のような鋭さで神の深さを見ることができた

のです。

もう一人はペトロです。ペトロは心からイエスを愛していました。イエスといつも一緒にいたかったので、「わたしが行く所にあなたは今ついて来ることができない」とイエスが言うと、ペトロは「主よ、なぜ今ついて行けないのですか。あなたのためなら命も捨てます」と言いました（13・36―37）。でも、イエスが捕まった後、人々から「あの男の弟子の一人ではないか」と言われたとき、「違う」と答えました。十字架のそばにも、ペトロはいませんでした。イエスの仲間としてユダヤ人に捕まるのを恐れていたからでしょう。彼は人間の弱さを持った人でした。けれども、ペトロは心の底ではイエスを大切にしていました。イエスもそんなペトロを赦し、大切になさいました。復活なさったイエスは、「わたしの羊の世話をしなさい」（ヨハネ21・16）と言われ、約束通り、ペトロに教会をお任せになりました。

もう一人はマグダラのマリアです。マグダラのマリアは、イエスに七つの悪霊を追い出してもらった女で（ルカ8・1―3）、過去に多くの罪を犯したと言われています。けれども、回心した後は誠実に、忠実に、イエスに従いました。十字架のそばに、母マリアと母の姉妹、クロパの妻マリアと共に、マグダラのマリアは立っていました。今日の福音に、週の初めの日、朝早く、まだ暗いうちに、マグダラのマリアは墓に行ったと書いてあります。回心した後のマリアは、自分のすべてをイエスに懸けていました。イエスはそんなマリアに対して、何をなさったのでしょうか。復活なさったイエスが最初にお現れになったのは、マグダラのマリアです。当時のユダヤ人の社会は男社会だったにもかかわらず、男の弟子たちではなかったのです。昔は多くの罪を犯したマグダラのマリアですが、イエスはマリアをとても大事にしました。

ここにいる私たちはどんなタイプの人でしょうか。ヨハネのような人でしょうか。ペトロのような人は、おそらく多いでしょう。マグダラのマリアのような人もいらっしゃると思います。今日ご復活祭のミサに与ったあなたは、クリスマスとご復活しか教会に来られない方かも知れません。あるいは、毎日のようにミサに与る人でしょうか。七転び八起きの人でしょうか。たくさんの罪を犯した人でしょうか。とにかく、あなたはあなたなりの道を歩んでいくことでしょう。そして、あなたにふさわしいかたちでイエスとの出会いがあるでしょう。

今日、イエスはあなたの心の中にいらっしゃるということを、深く、深く心に刻んでください。復活のメッセージはこれです。イエスは復活なさいました。私たちの罪を贖うために、十字架の上で命をささげられました。私たちがイエスのもとに行って赦しを求めるとき、イエスはいつも放蕩息子のお父さんのような心で私たちを待っています。このことを決して忘れないでください。

イエスの力をいただこうと思うなら、イエスのもとに行きましょう。イエスはご聖体の中で私たちを待っていらっしゃいます。そして時が来ると、死の向こう側で私たちを待っておられます。私たちは知らないところに行くとき、向こうで誰かが待っているとわかったら喜んで行くのですね。でも、誰も待っていないと行く気がしません。

イエスは私たちの心の故郷であってほしいと思います。私たちは滅多に故郷に帰りませんが、いざというとき故郷がある、そこで年とった両親が私たちを待っているという確信を持っています。

イエスはいつも私たちを待っておられます。私たちをありのまま大切にしておられます。私たちと共にいつも人生の道を歩んでくださいます。イエスは私たちの心の故郷です。

復活節第二主日

ヨハネ二十・十九—三十一

第一朗読　使徒言行録五・十二—十六

第二朗読　黙示録一・九—十一a、十二—十三、十七—十九

キリストのご復活は、ただキリストの御体が蘇《よみがえ》られたということだけではありません。ご自身が新たな命に移られたことによって、私たちも生かしてくださいました。私たちの心にあるすべての花を咲かせてくださいます。キリストのご復活に参加しようと思うなら、私たちも周りの人々を生かすように心がけましょう。これこそがキリストのご復活の証しになることではないかと思います。キリストは私たちに新しい命を与えてくださいました。私たちは新たに命を味わうことができます。

イエスは愛について話されたとき、ただ「愛しなさい」ではなく、「お互いに愛し合いなさい」とおっしゃいました。私たちが人を愛することによって、その人の心の中に眠っている愛を呼び覚ますという、そのような愛し方をイエスは教えてくださいました。この人の心の中に

愛を呼び覚ますためにどうすればよいか、そのタイミングを考えながら愛さなければならないのです。

キリストのご復活を表現するために、私たちは電気のランプではなく、ろうそくを用います。ランプとろうそくの光は、根本的に違うのです。ランプの光はただ周りを明るくするだけで、光そのものを与えません。でも、ろうそくはその灯《ともしび》を分け与えます。聖土曜日のとき、司祭が皆さんにろうそくの火を渡していくように、ろうそくは光を分かち合うのです。キリストは私たちの手にあったろうそくを灯してくださいました。

もし、復活なさったキリストを太陽にたとえるとすれば、私たちはキリストによって新しい、小さな太陽になります。惑星ではないのです。惑星なら太陽に照らされるだけですね。キリストの命を灯されることによって、私たちもほかの人々を照らす力が与えられます。

キリストは死に打ち勝ち、私たちを照らし、私たち自身が光となりました。太陽は冬の間、木の中に眠っていた力を、命を、湧き出させることができます。春になって花が咲くように、私たちの心の中に眠っていた愛は今、美しく花開いています。

これから家庭や会社において、周りの人々を生かすためにどうすればよいかを考えながら愛しましょう。それによって、私たちが太陽になり、周りの人々を小さな太陽にすることができます。一方的に愛するだけでなく、互いに愛し合いましょう。人々の心の中にある才能、力、愛、美しさの花を咲かせるように努力しましょう。これがご復活なさったキリストのメッセージです。

復活節第三主日

ヨハネ二十一・一―十九

第一朗読　使徒言行録五・二十七b―三十二、四十b―四十一

第二朗読　黙示録五・十一―十四

ペトロたちが夜通し漁をしても、その夜は何もとれませんでした。すると、イエスが「舟の右側に網を打ちなさい。そうすればとれるはずだ」と言われました。きっとその時、七人の弟子たちは「私たちが何十回網を打っても魚一匹かからなかった。もう日が昇り明るくなってきたから、今さら、魚がかかるはずがない」と考えたでしょう。

でも、イエスの言われた通りに網を打ってみると、大きな魚が百五十三匹とれました。これを書いたヨハネは何十年後でもまだ覚えていたのですね。多くの大きな魚がかかり、しかも網も破れていなかったので、とても驚いたのでしょうね。それだけでなく、イエスは火をおこし、パンを用意していました。そして「あなたがたがとった魚をここに持って来なさい」と言われました。彼らはイエスの温かい友情を味わいました。

イエスはペトロに、「ヨハネの子シモン、あなたはわたしを愛しているか」と三度尋ねて、三度愛の告白をさせましたが、その告白のさせ方は心を温められるものがありますね。ペトロは自分の罪の痛みを感じていましたが、三度も愛の告白をする機会が与えられました。私たちは人に裏切られると、赦しても前と同じように接することができないですね。どこかにしこりが残ります。イエスはそうではありません。今、イエスは私たちに同じことをおっしゃいます。「わたしを愛しているか」。「わたしの羊を飼いなさい」と。イエスは復活して、死に打ち勝っただけではありません。本当に温かい友情を示しました。

私たちの毎日の生活は、弟子たちと似ているのですね。網を打っても、打っても何もとれない。私たちの毎日の働きは小さいことです。でも私たちの働きをイエスに委ねることによって、実りは豊かになります。私たちもイエスの温かい友情を味わうことができます。

私たちは必要とされたいのです。そして私たちは必要とされています。パウロが言うように、キリストの苦しみの欠けているところを身をもって満たすことができます（コロサイ1・24）。今、御復活の季節ですから感謝の心をもって、自分なりにできることをしましょう。子どものために尽くすこと、お父さん、お母さんに感謝することなど、自分が置かれている場で、心を込めて、小さな努力をしましょう。網を打って、後はイエスに任せましょう。

復活節第四主日

ヨハネ十・二十七―三十

第一朗読　使徒言行録十三・十四、四十三―五十二

第二朗読　黙示録七・九、十四b―十七

二ヶ月前、この教会で一人のイエズス会士が叙階されました。「この道を」というイエズス会の雑誌に、彼がどのように召命を受けて司祭になったのかという話が載っています。だいたいこのような話です。

彼の両親はキリスト信者ではなく、また兄弟や友人の中にも、信者は一人もいませんでした。だから、自分が司祭になることなど、まったく考えていなかったのです。ところが、ある日教会の前を通ると、教会の鐘が鳴っていました。その鐘の音を聞いたとき、彼は『呼ばれている』と心の中で強く感じたそうです。それがきっかけで、教会に足を運ぶようになり、イエズス会に入って司祭になりました。

最初はこのような小さなことで、良い牧者であるキリストはご自分の羊をお呼びになりま

す。どのような招きであるかは、本当に人によってさまざまです。またキリストがご自分に従う者として誰を呼ぶかというと、これもまた、さまざまな人をお招きになります。

キリストの弟子は十二人でしたが、漁師のペトロやアンデレたち、徴税人のマタイ、熱心党のシモンなど、いろいろな人たちをお呼びになりました。私の周りの司祭を見ても、本当にさまざまな人がいます。詩人もいれば、学者もいます。私のようにおっちょこちょいという人もいます。今この司祭館に住んでいるのは十五人ですが、イタリア人、ドイツ人、日本人、スペイン人、インド人など、いろいろな国の人がいます。どのように呼ぶか、誰を呼ぶか、それは本当にキリストだけしかご存知ないのです。

キリストは何のために呼ぶのでしょうか。キリストははっきりと言いました。「父がわたしをお遣わしになったように、わたしもあなたがたを遣わす」（ヨハネ20・21）。私たちはキリストと同じ権利、同じ目的、同じ責任を与えられているのです。これは本当に素晴らしいことですね。司祭が罪を赦すとき、「神があなたの罪を赦してくださるように」と言わないで、「私はあなたの罪を赦します」と言います。神は本当に司祭に大きな責任を与えてくださった。その責任は愛のしるしだと思います。

このような道を歩む人は、第一朗読のパウロとバルナバのように、ねたまれ、反対されることもあります。迫害も受けます。でも、いずれにしても、この第一朗読の最後の言葉の通りに生きています。「弟子たちは喜びと聖霊に満たされていた」。きれいな言葉ですね。どんなことがあっても神と共にいます。いつも喜びと聖霊に満たされています。

私は、司祭になろうと決心したとき、神にすべてをささげる自分は偉いのだと、心の奥底で思いました。確かにそのような心があった。でも、長年この道を歩んで、今振り返ってみると、与えたものよりいただいたものの方がはるかに多いです。私はそれを心から感謝していま す。

また、司祭は皆さんに愛されています。人間はお葬式のとき、その人がどんな人柄だったかわかりますね。お葬式の参列者を見ていると、やはり若い人なら泣く人が多いです。年が増すにつれて、だんだん少なくなってくる。高齢の人の場合は、本当に心から悲しむのは身近な人だけです。司祭の葬儀のときには、高齢であっても泣く人が多いです。「ああ、この人は本当に愛されている、この人は良い仕事をやってきた」と感じます。

私が最後に言いたいのは、すべてのキリスト者は司祭のために祈っていただきたいということです。この祈りは必要とされています。

ここに古い手紙があります。私は宝物をあまり持っていないのですが、これは数少ない宝物の一つで、とても大事にしています。私が司祭になる四ヶ月前に、母が私に書いた手紙です。母はちょうど十二月八日、無原罪の聖マリアの日に、この手紙を書いたのです。今それを読んでみましょう。

「私は毎日、あなたが良い司祭になれますように、と神さまに祈っています。マリアさまにも、もし召し出しを裏切るようなことがあれば、その前にあなたをご自分の胸に抱いて天国に連れていってください、と毎日祈っています」。

私が司祭職を裏切るより、死ぬほうがましだと母は考えたのでしょう。神は母の祈りを聞いてくださり、このふさわしくない私にいろいろな恵みを与えてくださいました。

良い司祭が与えられるように祈ることは、とても大切なことです。祈ってください。神があなたがたの子どもの中から、誰かを選ばれるように祈ってください。

復活節第五主日

ヨハネ十三・三十一―三十三a、三十四―三十五

第一朗読　使徒言行録十四・二十一b―二十七

第二朗読　黙示録二十一・一―五a

十三世紀頃、イタリアのアシジの丘の上に、聖フランシスコが住んでいる修道院がありました。フランシスコは毎朝修道院から出てエツィリアという地方の村々をめぐって托鉢し、夕方になると丘を登って修道院に帰りました。フランシスコはいつも帰る頃にはのどが渇いていたので、毎日その修道院の前にあるきれいな冷たい泉の水を飲んでいました。

ある日、フランシスコは朝早く托鉢に出て、帰りにいつものように水を飲もうとしましたが、その日の朝、フランシスコはキリストの「渇く」という十字架の上で言われた言葉を黙想していました。そこでフランシスコは、キリストの渇きに倣い、水を飲まないことにしました。水を流して神にささげながら天を仰ぎ見ると、美しい星が輝いていました。これを見たフランシスコは、「ああ、これが神のみ心を喜ばせる行いだ」と感じたのです。

しばらく経って、レオーネというひとりの若者がフランシスコの生き方に感銘を受け、仲間に入りました。ある日、レオーネとフランシスコは一緒に托鉢を行いました。夜になって、修道院に帰る途中に、二人は泉のところに来ました。フランシスコはレオーネに修行の精神を教えようと思い、水を汲んで神にささげるために流そうとしました。ところが、レオーネを見ると、とても疲れた顔をしているのです。フランシスコは考えました。私が水を飲まなければ、レオーネも飲まないだろう。レオーネに修行の精神を教えるか、あるいは愛の行いをするか、どちらがよいのだろうか。フランシスコはレオーネを憐れに思ったので水を汲むと、思い切ってたくさん飲みました。レオーネ修士も喜んでたくさんの水を飲みました。今日はきっと星が見えないだろうと思って、フランシスコが恐る恐る空を仰ぎ見ると、確かにその晩はいつもより美しい、輝かしい二つの星が輝いていました。それを見たフランシスコは、「ああ、この行いは神のみ旨の行いだ」と悟ったのです。修行より愛の方が大切だと。

キリストの弟子のしるしは十字架ではなく、愛です。実際に初代教会の信者たちは、社会的に偉い人でも権力者でもありませんでしたが、彼らはお互いに愛し合っていました。周りの人々は皆、この人々の生活は素晴らしいと驚きました。それで多くの人々がキリストの弟子になりました。一番素晴らしい説教は行いです。行いによってキリストの精神、キリストの愛を分かち合うことです。

キリストは今日、弟子であるあなたがたに新しい掟を与えました。「わたしがあなたがたを愛したように、あなたがたも互いに愛し合いなさい」。愛し合うということが新しい掟です。その新しさはどこにありますか。

キリストは私たちを救うために十字架につけられました。キリストがこの話をなさったのは、殺される前でした。キリストは自分の命より、私たちの永遠の命を大切にしてくださいました。「私が愛したように、その深さ、その素晴らしさをもって愛し合いなさい。自分より相手を大切にするほど、お互いに愛し合いなさい」。キリストの掟はこれです。今、多くの兄弟たちはその愛を待っているのです。この愛が私たちキリスト者の特徴であってほしいと思います。確かにいろいろなキリスト者がいますが、マザー・テレサの特徴は愛でした。私たちも同じように互いに愛し合いましょう。今の日本には精神的な貧困者が多いです。子どもたちに愛を与えましょう。

先日、結婚講座を担当している方々といろいろな話をしていると、ある一人の方がこう言ったのです。「夫婦も年月が経つと気持ちが変わるものですが、三十年以上前に結婚したにもかかわらず、まだ恋人のような気持ちを持っている人がいます。それは、結婚講座のリーダーご夫妻です。五ヶ月間の結婚講座の中で、それが私にとって一番印象的だったことでした」。そのような愛が持てますように。これはできるのです。神は共におられます。そのために私たちは祈ります。神の力を求めて祈るのです。

復活節第六主日

ヨハネ十四・二十三―二十九

第一朗読　使徒言行録十五・一―二、二十二―二十九

第二朗読　黙示録二十一・十―十四、二十二―二十三

今日、イエスは不思議な話をなさいました。「わたしはあなたがたに平和を残し、わたしの平和を与える。わたしはこれを、世が与えるように与えるのではない」と。なぜ、イエスの与える平和と、世が与える平和は違うのでしょうか。一般的には、争いがない場合に平和「ピース」と言うのですね。でも、イエスはそれだけでは平和と言わないのです。AさんとBさんが喧嘩をしないだけではなく、二人の間に積極的な絆や友情があるときに、はじめてイエスの平和「シャローム」があると言えるでしょう。

先週の木曜日、幼稚園の先生たちと話をしていると、一人の方がこう言いました。「日本の親はよく子どもたちに『人に迷惑をかけないで』と言います。これは良いことです。でもそれだけでは、ちょっと寂しいですね。聖書にあるように、自分にしてもらいたいことを相手にし

たり、自分を愛するように隣人を愛したりするようになってほしいと思います」。これこそ、真の平和です。実際はなかなか難しいかもしれませんが、まず相手のために祈ることから始めましょう。

アシジのフランシスコの祈りのように、憎しみのあるところに愛をもたらすために積極的になりましょう。ただ、外面的な静けさがあるだけではイエスの平和ではないのですね。少し前にパレスチナとイスラエルとの間にこのような静けさがありました。けれども、ちょっとしたきっかけで、今はものすごい紛争になっています。喧嘩しない状態だけなら、いつ爆発するかわからないのです。人と人との間、国と国との間に真の理解、協力があるときにイエスの平和「シャローム」が訪れます。家庭においても、修道院においても同じですよ。イエスは、「右の頬を打たれたら、左の頬も出しなさい。ある人があなたの下着を取ったら、上着も与えなさい」と言われました。そのように、イエスの平和は積極的なものです。イエスは十字架の上で御父に向かって、自分を殺そうとしている人々をおゆるしくださいと祈りました。

善をもって悪に勝ちましょう。悪循環の反対で善循環です。今日御聖体拝領するとき、みんなで同じイエスの体をいただき、一つの体になります。その絆によって、お互いに相手の痛みが自分の痛みとなり、相手の喜びが自分の喜びとなるように、皆で努力しましょう。これはイ

エスの教えの中で一番難しいことの一つです。人間の力だけではできないのです。そのために、
私たちは祈ります。相手に迷惑をかけないだけではなく、自分にしてもらいたいことをしてあ
げましょう。自分自身を大切にするように、相手も大切にしましょう。憎しみのあるところに
愛をもたらしますように。これは本当に難しいことです。でも神の力によってできます。聖霊
の力によって絶対にできます。

主の昇天

ルカ二十四・四十六―五十三

第一朗読　使徒言行録一・一―十一

第二朗読　ヘブライ九・二十四―二十八、十・十九―二十三

今日は母の日です。このミサの間、一人ひとり自分のお母さんのために祈りましょう。母の日にプレゼントを贈るのは、確かによいことです。でも、おそらく母親にとって一番嬉しいプレゼントは、物よりも、私たちが母から預かった命を大切にすることでしょう。母から譲り受けた使命や人生観などを大事にしながら、体の命だけでなく、心の命を次の世代に与えることが、その命を活かすことになります。

ご昇天のとき、イエスは私たちにご自分の使命を渡してくださいました。私たちに義務、責任、命を与えてくださいました。それを私たちは受け継いで皆さんと分かち合います。ミッションにはこの意味があります。私たちが人々とキリストのメッセージ、キリストの心を分かち合い、告げ知らせるということです。

福音でイエスは「あなたがたはこれらのことの証人となる」と言われました。それは、私たちを見る人がイエスを思い起すことです。言い換えれば、私たちがイエスに倣《なら》って生活をするということです。不思議なことですが、イエスが天に上げられた後、弟子たちは大喜びでエルサレムに帰ったのです。普通なら大変寂しい気持ちになると思います。でも、大きな喜びをもって弟子たちはエルサレムに戻りました。彼らは大きな責任があると自覚していたので、すべての人々にメッセージを伝えるために、キリスト者として力を尽くしました。

イエスは、手をあげて弟子たちを祝福しながら、天に上げられました。私たちには見えなくても、祝福によってイエスは私たちの心の中に残っているのです。また、私たちに約束された聖霊を与えてくださいました。弟子たちはそれを強く感じました。目で見えなくなっても、イエスは一緒におられるということを確信していたので、喜んで自分の使命を果たすことができました

最後にもう一つの話をしましょう。第一朗読に「イエスは天に上げられたが、雲に覆われた」と書いてあります。雲というのは、旧約聖書では神のことを表すのです。旧約では、神は雲の形でよく現れます。モーセの時代、シナイの山の上に雲が現れてその雲の中から神の声が聞こえ、イスラエルの人々に神はいろいろな話をなさいました。雲は神のしるしです。彼らが

四十年の間荒れ野の道を歩んだときも、神はいつも雲の柱の中で彼らを導きました。またイエスのご変容のときにも、雲の中から「これはわたしの愛する子。これに聞け」という声が聞こえました（マルコ9・7）。私たちも終わりの時が来るとき、イエスと共に天に昇り、永遠の命に入ります。イエスが上げられて雲に覆われたというのは、物理的に上げられるということより、体の命よりはるかに素晴らしい新しい生命、永遠の命に入ったということです。

神から母を通して預かった命と、キリストから預かった使命を大切にしながら、それをほかの人に与えていくことができるように祈りましょう。感謝と賛美の心をもって、このミサを神にささげたいと思います。

聖霊降臨の主日

ヨハネ十四・十五―十六、二十三b―二十六
第一朗読　使徒言行録二・一―十一
第二朗読　ローマ八・八―十七

今、命の尊さはいったいどれだけ評価されているでしょうか。この前、一人の子どもが私に「なぜ生き物を殺してはいけないの」と訊いてきました。

命の神秘を感じている人はどれだけいるでしょうか。現代の科学と医学は、この命を弄《もてあそ》んでいるかのように、臓器移植や、またクローンや遺伝子組み換えなどをしています。また、自殺や殺人などの事件も絶えません。本当に今の社会は、命の尊さがいったいどこにあるかわからない状況にあります。

聖霊は命の与え主です。聖書に紹介されている聖霊はいつも命と関係があります。創世記はきれいに物語っています。「主なる神は土の塵で人を形づくり、その鼻に息を吹き入れられた。人はこうして生きる者となった」（2・7）と書いてあります。神が命の息である聖霊を吹

き入れてくださったことによって最初の人間が生まれました。

また、ルカ福音書一章でマリアはイエスを身ごもったとき、「聖霊があなたに降り、いと高き方の力があなたを包む」と、天使ガブルエルから告げられました。聖霊によってマリアは命を授かりました。聖霊はイエスに命を与えてくださいました。

これから感謝の典礼で、司祭はパンと葡萄酒の上に按手《あんしゅ》して、「この供え物を尊いものにしてください」と聖変化の言葉を唱えると、この小さいパンはキリストの体に変わります。聖霊は、キリストの命をパンに与えてくださいます。聖霊は素晴らしい。一つの言葉で聖霊の働きを言うなら、やはり「命の与え主」です。

聖霊降臨の後、多くの人々が洗礼を受け、信者たちは心を一つにして暮らしていました。このような共同体を作るのは聖霊です。聖霊は心の一致をつくってくださいます。聖霊降臨は教会の誕生の日です。聖霊は教会に命を与えてくださいました。

イエスが洗礼を受けられたとき、天が開いて聖霊が鳩のような形で降り、「これはわたしの愛する子」という御父の声が聞こえました。洗礼によって私たちは神の子どもとなります。

私たちは聖霊に満たされて、紛争やテロの絶えない今の世界で、命の尊さを訴えるという、素晴らしい使命を持っています。第一に、私たちはこの命の尊さと同時に心の尊さ、信仰、愛、希望を伝えましょう。この心の元気を与えてくださるのは聖霊です。私たちは挨拶をするとき、いつも「お元気ですか」と言いますね。「元気」という言葉には、開かれた心、大きい心、人々のために尽くしたい愛、信頼、赦しという、精神的な響きがあります。その心の命は聖霊によって与えられます。

私たちの教会は聖霊にささげられています。きっと今日、聖霊は特別に私たちの教会に、また私たちの家庭の上に降るでしょう。私たちは心を開いて、その聖霊を豊かにいただきましょう。

年間主日

三位一体の主日（聖霊降臨後第一主日）

ヨハネ十六・十二―十五

第一朗読　箴言八・二十二―三十一

第二朗読　ローマ五・一―五

私たちは典礼の一年間に、ご降誕やご復活、あるいは聖霊降臨など、いろいろな祝祭日を祝います。今日は三位一体の祭日です。これは神の祭日であり、典礼のまとめです。

この祭日はややもすれば、雲の上の難しい祭日として考えがちではないかと思います。けれども深く考えてみると、この祭日こそ私たちに身近な関係があります。神が人間を造られたとき、ご自分の姿にかたどって人間をお造りになったからです。

では神はどんな方でしょうか。三位一体とは、父と子と聖霊という三つの位格《ペルソナ》が一つになっていることを表しています。神は一人ぼっちではないのです。これは私たちにとって大切なことです。

あいにく人間は、時々相手を認めたくない、相手を潰《つぶ》したいという気持ちを持つことがあります。たとえば戦争があります。人間は敵対する国を武力によって潰したいのですね。また、競争心によって私たちは相手の足を引っ張ることがあります。その人が邪魔になり、潰したいと思うのです。今、残念ながら流行っている「いじめ」もそうでしょう。いじめる子どもは相手を受け入れたくないのです。認めたくないだけでなく、潰したいのです。

自己中心的な人もいます。自分の周りに壁を立て、ほかの人と関わりを持たず、行動の基準は自分一人です。自分にとって都合が良ければ、たとえほかの人たちが困っていても行動します。都合が悪ければ、たとえほかの人たちが必要であってもしません。エゴ、エゴ、狭いエゴです。

神はそうではありません。お互いに認め合い、受け入れるというのが神の本質です。私たちが人間らしく生きようと思うなら、やはりこのような心を持つことが必要です。御父は御子に、御子は聖霊に心を開いて、ありのまま受け入れているのです。お母さんが赤ちゃんをありのままに受け入れ、愛しているように。

私たちは相手をありのままに受け入れれば受け入れるほど、神に近くなっていきます。三位一体の神に似たものとして造られた私たちは、神に似れば似るほど、自分のアイデンティティに誠実になるのです。神から離れるほど、自分のアイデンティティからも離れてしまいます。

私たちが神の姿にふさわしい人間になれば、自分の本質に生きることができるのです。

日光東照宮の有名な「見ざる、聞かざる、言わざる」という三匹の猿を皆さんはよくご存じだと思いますが、私たちが周りの人々にかかわるときに、「見る、聞く、話す」ことが大切です。昨日、土曜学校の子どもたちがお母さんたちの指導のもとに、教会の入り口にきれいな花を飾りました。お母さんたちは、子どもが一生懸命やったことを見てあげてください。また、聞くことも必要です。多くの人たちが悩みを話したいと思っています。でも聞く人がいないのです。相手をありのまま受け入れ、その悩みを聞いてあげてください。そして話すことも必要です。慰めを与え、褒め、勇気を与えてあげてください。

三位一体の神は開かれた心をもって、お互いにすべてを分かち合うのです。今日の福音に素晴らしい言葉がありました。「父が持っておられるものはすべて、わたしのものである」。御父は持っておられるものをすべて御子にお与えになりました。ご自分の持っておられる、すべてというすべてを。

与えることによって、御父が持っておられるものと、御子が持っておられるものとは全く同じものになります。私たちも、時間、温かさ、経験を人々に与えることによって神に似たものとなり、皆の心は一つになっていきます。父と子と聖霊は、一体になるほどの完全に一致した心を持っています。

三位一体という奥義は人間の奥義でもあります。神に似たものになればなるほど、人間の本質に近づくのです。私たちは「父と子と聖霊のみ名によって」十字を切ります。習慣的に十字を切るのではなくて、一つひとつを味わってください。そして、十字を切ることが祈りとなりますように。それによって、私たちのアイデンティティがどこにあるか、私たちの信仰の重みがどれほどのものか、ますます悟っていくでしょう。

キリストの聖体（聖霊降臨後第二主日）

ルカ九・十一b―十七
第一朗読　創世記十四・十八―二十
第二朗読　一コリント十一・二十三―二十六

先週の週末、長崎まで巡礼に行きました。とても良い巡礼でした。巡礼の目的は「分かち合う」ことです。「分かち合う」とはどういうことでしょうか。自分が持っているものは自分のためだけでなく、ほかの人たちと分かち合うためにあるのですね。もし、ある人が自分のことだけしか考えなければ、分かち合いはできません。でも、自分の持っているものや時間、心などを人々に与えるなら、分かち合うことができます。

この巡礼の参加者は四十数人でした。普通なら友だち同士で一緒になり、おしゃべりするでしょう。でもこの巡礼では新しい友だちを作るために、バスに乗る前にくじ引きをしました。それぞれくじで決まった席に、知らない人と一緒に座るのです。最初は皆、隣の人はどんな人だろうと思いながら少しずつ話し始めましたが、だんだん話が弾んで、お互いに知っていることを分かち合っているうちに、友だちになりました。わずか三日間の旅でしたが、帰るとき、とても良い友だちができたと皆喜び合いました。

また、お互いに知らない人が多かったので、バスの中で全員の紹介をすることになりました。普通なら自己紹介ですが、他己紹介、つまり隣に座っている人の話をする。あれはとても面白いです。他己紹介は時間がかかりますが、知っていること、経験したことなどをほかの人と分かち合うのは、とても楽しいです。

長崎の人々との分かち合いもありました。彼らの信仰はすごいですよ。キリシタンの迫害にも耐え、十六世紀の頃からキリスト教を信じ続けています。彼らの信仰は特別な深さがあるのです。長崎の方々との交流によって、いろいろなことを知ることができました。

第一朗読で、神の祭司であったサレムの王メルキゼデクは、パンとぶどう酒を持って来て、アブラムのために祈りました。そこでアブラムはメルキゼデクに自分が持っているすべての物の十分の一を贈り、分かち合いました。

福音では、群衆に食べ物を与えなさいとイエスは言われましたが、弟子たちのもとにはパン五つと魚二匹しかありませんでした。ところが、イエスがパンと魚を取り、賛美の祈りを唱え、裂いて弟子たちに配らせると、すべての人が満腹したと書いてあります。まだまだたくさんのパンくずが残っていたのでしょう。それを集めると十二籠もあったのです。弟子たちは十二人でしたね。すべての人が食べて満腹しただけでなく、一人ひとりの弟子にパンの籠が一つずつあったということです。やはり分かち合うことによって、どんどん増えていくのですね。分かち合いは心も分かち合うことです。

今日はキリストの聖体の祭日です。イエスはすべての人々にご自分のすべてを与えたかったのでご聖体になられました。アフリカの人々、アメリカの人々、どこの国の人々も同じようにイエスをいただくことができます。ご聖体は分かち合う心を与えてくださるのです。

マザー・テレサが来日したとき、たくさんの方がペンダントや時計など、いろいろな物をあげました。でもマザー・テレサは帰るとき何も持っていませんでした。なぜでしょうか。全部必要な人に与えたからです。全部与えるので、また人々はもっとあげたいと思うのでしょう。そうなると皆で分かち合うことになります。

トルストイの書いた「天国と地獄」という話があります。

ある日、地獄へ行ってみると、たくさんの人がテーブルを囲んで座っています。テーブルの上にはごちそうが並べられているのに、地獄の人々は飢えに苦しんでいました。よく見ると、その人たちの片腕が椅子に縛り付けられ、もう一方の腕には柄の長いスプーンがくくりつけられています。彼らはテーブルの上の食べ物をスプーンですくって食べようとするのですが、柄が長すぎて自分の口に入れることができません。食べ物はたくさんあるのに、一口も食べることができないのです。ところが、天国へ行ってみると、人々はテーブルを囲み、ごちそうを食べながら笑顔で楽しそうに話しています。見ると、地獄と同じようにみんな片腕が椅子に縛りつけられ、もう一方の腕に柄の長いスプーンがくくりつけられています。それなのに、どうして食べることができるのでしょうか。見ていると、天国の人たちは、スプーンですくった食べ物を自分の口ではなく、テーブルの向かい側の人の口に入れてあげています。向かい側の人たちは、こちら側の人の口に入れています。天国の人たちはお互いに助け合っているので、飢えを知らないのです。

分かち合って自分のものをほかの人に与えるなら、そこは天国です。自分のことだけを考える人は、喧嘩ばかりするのです。天国と地獄は、すでにこの世の中にあると思いますよ。分かち合う人がたくさんいるなら、素晴らしい環境になるでしょう。

イエスはご自分のすべてを、すべての人々にくださいました。ご自分の体も、心も全部くださったのです。今日ご聖体をいただくときに感謝の祈りをささげましょう。

「イエスさま、ありがとう。今、全世界のたくさんの人々と一緒に、あなたをいただくことができることに感謝します」。

今日、神が私たちに、イエスのような寛大な心を与えてくださるように願いたいと思います。

年間第二主日

ヨハネ二章一―十一
第一朗読　イザヤ六十二・一―五
第二朗読　一コリント十二・四―十一

元旦は「神の母聖マリア」の祭日でしたが、今年の初めの主日にもう一度、神の母、救い主を生んだマリアのことを考えてみましょう。

マリアが住んでいたナザレの近くに、カナという村がありました。そこでマリアは人々と一緒に婚礼に参加していました。喜ぶ人と共に喜び、ぶどう酒がなくなるほど、皆で楽しく祝っていたということですね。マリアはその中の一人でした。でもマリアはたぶん、ほかのお客様たちとは違う心を持っていたのだと思います。

マリアの心は、やはり母の心です。この母の心はきれいですね。マリアは楽しみながらも、半分は周りのことを気遣っていたのでしょう。ぶどう酒がなくなったことを知ると、すぐにイエスのところにやってきて告げました。「ぶどう酒がなくなりました」。

マリアは決して「こうしなさい」と言わず、心から信頼して任せるのです。でも、イエスの答えはちょっと厳しい。「婦人よ、わたしにどんなかかわりがあるのです」とイエスは答えます。もし、あなたの子どもが「お母さん」ではなく、「婦人よ」とあなたを呼んだら、びっくりするでしょう。でも、二千年前はその言葉は今と違う響きがあったと思います。イエスは十字架上でも、マリアに「婦人よ」と言いました。この「婦人」はおそらく「女性の代表」という響きがあるのかもしれません。

つづけてイエスは、「わたしの時はまだ来ていません」とおっしゃいました。「自分が奇跡を行う時は今ではない」と考えておられたのです。でも、マリアはがっかりしないで、すぐ召使いたちに「この人が何か言いつけたらそのとおりにしなさい」と命じました。

マリアの信仰は、イエスの心を完全に変えました。イエスはご自分の時がまだ来ていないにもかかわらず、水がめの水を上等のぶどう酒に変える奇跡を行ってくださいました。マリアは執《と》り成す力を持っておられます。マリアの執り成しによって、イエスは素晴らしい奇跡を行いました。

私たちは、マリアを母として大切にします。兄弟であるプロテスタントはマリアの執り成しを認めません。なぜでしょうか、パウロは書きました。「神は唯一であり、神と人との間の仲介者も、人であるキリスト・イエスただおひとりなのです」（1テモテ2・5）。プロテスタントは、この聖書の言葉に基づいて、神と人間との間と取り次ぐマリアや聖人たちを認めません。けれどもカトリックである私たちは、願いを叶えられた数々の経験から、明らかにマリアの祈りは、イエスと神の計画を変える力を持っていると確信しています。そこで注意しなければならないことは、時々熱狂しすぎて、神を礼拝するよりマリアを礼拝するように見えることがあります。それを見たプロテスタントの方々は、やはりつまずきます。マリアを大切にしながら、と同時にマリアの本当の姿をしっかりと見ましょう。本当の姿は福音の中にでてくるマリアです。

今日からの一週間はキリスト教一致週間です。すべてのキリスト者は皆、心を合わせて祈っています。私たちも今日から毎日「主よ、すべてのあなたの弟子、あなたを信じる人が皆、一つに結ばれるように恵みをお与えください」と祈りましょう。

マリアは私たちの素晴らしい母です。すべてを世話してくださり、素晴らしい執り成しの力を持っている方です。そのマリアを大切にしながら、私たちは今週、すべてのキリスト者の一致のために祈りたいと思います。

年間第三主日

ルカ一・一―四、四・十四―二十一

第一朗読　ネヘミヤ八・二―四a、五―六、八―十

第二朗読　一コリント十二・十二―三十

教会の歴史を見ると、一〇五四年に正教会とカトリック教会はお互いを異端とみなし、破門し合ってキリスト教の分裂が始まります。一五一七年にはルターによる宗教改革によって、カトリック教会から分離した教派はプロテスタントとなりました。それからつい最近まで、同じキリスト者でありながら、それぞれの教派はお互いに敵視し合い、場合によって相手を拷問にかけたこともあります。

一九六二年に開かれた第二バチカン公会議は、見事にその方向を変えました。自分たちにも失敗や罪があり、プロテスタントや正教会にも正しいことがたくさんあるということを、カトリック教会は素直に認めたのです。今までカトリックもプロテスタントも正教会も、「自分たちがすべて正しい、あなたがたは間違っている」と考えてきました。でも第二バチカン公会議

でカトリックが変わったことによって、今まで敵同士であったプロテスタントと正教会も変わりました。「自分たちも間違っていたところがあった、相手にも正しいところがある」とお互いに反省し、良いところを認め合ったのです。今まで離れ離れだった流れは急に変わりました。今、一致に向かっています。これは本当に大きな恵みです。第二バチカン公会議のたくさんの素晴らしい実りの中の一つです。

第二朗読でパウロはコリントの教会への手紙に、多様性を認めることについて書きました。パウロは人間の体を例に出します。もしパウロが言うように人間の体全体が目だけなら、聞けない、話せない。人間の体には素晴らしい多様性があります。精巧な機械より、人間の体はあらゆることができます。聞こえる、話せる、歩ける、働ける。本当にこの小さな体は見事です。また多様性の中に素晴らしい一致があります。人間のすべての部分は一つの体としてまとまっている。このことを自分たちに当てはめることによって、お互いに尊敬し認めることができるようになるでしょう。

カトリックとプロテスタントは、共通点が多いのです。神を信じ、またイエス・キリストを信じます。そして三位一体を認め、聖書を認めます。相違点もあるでしょう。たとえばミサについて考えが違います。しかし、第一に共通点を見ることによって、一致できます。第二バチカン公会議は、多様性の中の一致ということを私たちに教えてくださいました。それから素晴らしい雰囲気になっているのです。

カトリックの教会でありながら、説教をするのは牧師であったり、またプロテスタントの教会でありながら、司るのはカトリック司祭であったりすることがあります。また、牧師たちとカトリックの司祭たちの集まりもあります。本当に今は恵みの時代です。神は今の教会の状態をご覧になって、とても喜んでいらっしゃるでしょう。

私たちはすべてのキリスト者の一致をめざし、お互いに認め合い、真理に向かうことができるように祈り続けたいと思います。

ヨハネ・パウロ二世が強く望んでおられたことは、キリスト者の一致だけではありません。ユダヤ教やイスラム教とも共通点がたくさんあります。その共通点を活かし、三つの宗教の一致のために、彼は二〇〇二年にイランとイラクに行こうとしました。南イラクのシュメールはアブラハムの生まれ故郷ウルにあたると言われています。アブラハムは、イスラム教とユダヤ教、そしてキリスト教の信仰の父です。その故郷に行き、「お互いに協力し合いましょう」というメッセージを伝えようとしたのですが、残念ながら安全上の問題で行くことができませんでした。

また、もう一歩進んで、キリスト教はヒンズー教や仏教とも一致するところがあると思います。すべての宗教にはそれぞれ違いがありますが、必ず一致するところもあります。すべての真の宗教は聖霊に導かれ、平和を愛する心を持っています。その共通点を活かしながら、力を合わせて行きましょう。

すべての宗教を信じる人々が力を合わせ、平和を実現していくことができるように、その恵みを神に願いたいと思います。私たちの家庭、修道院、会社で、自分の足りないところを認め、互いに一致しながら、平和のために尽くしましょう。

年間第四主日

ルカ四・二十一―三十

第一朗読　エレミヤ一・四―五、十七―十九

第二朗読　一コリント十二・三十一～十三・十三

イエスはおよそ三十年の間ナザレに住んでいました。イエスはナザレで大工として働き、普通の人々と同じように生活していました。そして洗礼者ヨハネから洗礼を受けた後、四十日間荒れ野で試練を受け、神の国を宣べ伝えるためにガリラヤに行きました。そこで話した素晴らしい教えと、行なった奇跡によって、皆から尊敬を受けられたと福音書に書いてあります。

ナザレの会堂で話されたときのイエスは、もはや大工ではなく、メシアとしての使命を持っていました。イエスの口から出る恵み深い言葉を聞いて、大工としてのイエスしか知らないナザレの人々はとても驚いたのです。あのヨセフの子が、なぜこのような話ができるのかと不思議に思ったのでしょう。ナザレの人々はイエスを型にはめ、受け入れませんでした。大工のイエスなら喜んで受け入れましたが、メシアとして現れたときは受け入れることができなかった

のです。イエスはそれに気づき、「預言者は故郷では歓迎されないものだ」と言われ、エリヤとエリシャも故郷では奇跡を行なわなかったという話をされました。これを聞いたナザレの人々は怒ってイエスを殺そうとしました。

今日の朗読を読みながら感じたことは、私たちは皆、ほかの人々を型にはめる可能性があるということです。それによって今まで、人間がどんなに苦しんだかわかりません。私たちは、「あの人は学校であまり勉強ができなかった。だから、こんなことができるはずがない」と決めつけます。それ以上のことをすると、妬みを感じて足を引っ張りたくなるのですね。私たちはある時、その人の行動を一度見ただけで、「ああ、この人はこういう人だ」と思い込んで「この仕事を任せられるはずがない」と小さな型にはめるのです。それはその人の可能性を潰すことです。

場合によって、小さな型ではなく、大きな型にはめることもあります。親はまだ子どもが乳飲み子であるときに、「この子をあの学校に入れよう、それからあの会社に入って……」などと、いろいろなことを考えるのです。考え過ぎる。そうなると子どもに背伸びをさせます。そして子どもは疲れてしまいます。

日本語で「子どもを作る」と言う場合と、「子どもを授かる」と言う場合があります。これは言葉の遊びではないのです。「子どもを作る」という場合、まるで機械を作るときのようです。もし親が「子どもを作る」という考えを持っているとすれば、自分が持っているイメージに子どもを合わせたい、ということですね。親が期待し過ぎるということがあります。「お父さんの子だからできるはずだ」、「うちは代々この仕事をやっているから、あなたもやりなさい」などと、子どもに親の期待を押し付けるのです。どの親もこのような経験があるでしょう。

会社でも社員を型にはめることがあります。もう十数年前のことですが、私はある人に洗礼を授け、その後彼はこの教会で結婚式を挙げました。よくミサにもいらしていたのですが、とても優秀な青年で、大企業で働いていました。上司は彼にとても期待していたので、ある時彼の能力以上の大きな責任を与えたのです。すごくまじめな良い人でしたよ。そして我慢して一生懸命がんばっていましたが、ある日会社の屋上から飛び降りたのです。

第一朗読で、「わたしはあなたを母の胎内に造る前から知っていた」と書いてあります。私たちの召し出しをご存知なのは神だけです。人に期待して一生懸命がんばらせても、その人が持っている能力以上のことをさせるのは無理があります。毎年日本で三万人が自殺していますが、型にはめられて苦しんでいた人が多いのではないでしょうか。人を型にはめることは、小さな型であっても大きな型であっても、どちらにしても恐ろしいことです。人を尊重するということは、神の子どもとしてありのままに受け入れて、大事にすることです。

この前スペインに帰り、甥の家を訪問しました。甥には四人の子どもがいますが、その中の一人の子は普通よりちょっと足りないところがあります。でも、両親は彼をありのまま大切にしながら、受け入れています。特別支援学校に通った後、今はとても簡単な仕事をしています。でも、その子は本当に喜んで生きている。私は甥夫婦を尊敬しますよ。子どもを自分が考えているイメージにあてはめるのではなく、ありのままを受け入れているのですね。

自分自身を型にはめることもあります。時々自分を小さい型に入れ、「今まで何回もやってみてもできなかったから、もうだめだ」とあきらめることがあります。どちらかと言えば変な謙遜ですね。義務から逃げるという、怠りの罪がそこにあるのではないのですか。マタイ二十五章にタラントンのたとえ話があるでしょう。主人から五タラントンと二タラントン預かった人は倍に増やしました。一タラントン預かった人は、「自分はできない」と思って金を土に埋め、増やさなかったので、「怠け者の悪い僕《しもべ》だ」と主人に言われたのです。失敗しても、その原因を考え、反省してから再び挑戦してみましょう。悪いところを直せばできるようになるのです。

また、もうひとつの問題は自分を大き過ぎる型にはめることです。私の同級生に「自分がこうしなければならない」という気持ちを持っている一人の司祭がいます。彼はいつも背伸びをしていました。何でも良くがんばります。非常に良くできる人ですよ。でも無理をして、精神的に何回も追い詰められたことがあります。

大きな心と、夢と希望をもって、神がありのままの私たちに何を望んでいらっしゃるかを考えましょう。夢を持つことは良いことです。夢を持つことと、無理をすることとは違うのです。ほかの人に対しても、自分に対してもそのような心を持ちますように。今、この時期は多くの若者たちが受験をします。親が子どもを型にはめ、この大学に入らなくてはならない、と精神的に追い詰めることもあるかもしれません。型にはめることによって、どれだけ多くの若い人たちが苦しんでいるでしょうか。神は私たちを胎内に造られる前から天命を与えてくださいました。それが何であるかを考えながら、その召し出しを活かしていく恵みを願いたいと思います。

年間第五主日

ルカ五・一—十一

第一朗読　イザヤ六・一—二a、三—八

第二朗読　一コリント十五・一—十一

この教会の裏に司祭館があります。そこに十五名の神父が住んでいます。私たちが集まると、これからイエズス会はどうなるかということが時々話題になります。仕事は多いのですが、働き手が少ないのです。イエズス会のメンバーは増えるどころか、かえって減っています。たとえば、去年この管区で亡くなったイエズス会の会員は十一名でした。イエズス会に入った人は二人だけです。だんだん年配の人がふえています。イエズス会と同じ問題が、きっとほかの修道会にもあるでしょう。でも、聖霊は昔も今も教会を導いてくださいます。聖霊の道は必ずしも私たちの考えている道ではないのです。むしろ私たちは、今の状況を通して、時のしるしを見るべきです。

第二バチカン公会議で決められたことの中に、そのヒントがあります。信徒もキリストから受けた使徒的使命を持っていると教令に書いてあります。昔は宣教を聖職者に任せたのですが、それは甘い考えです。今は、あなたがた信徒の時代になりました。

洗礼を受けた人は、皆キリストの司祭職に与っています。修道者や司祭と同じ責任を背負っているわけです。確かに、形は違うでしょう。あなたがたは修道会に入ることはできませんが、司祭が入ることができない会社や家庭にあなたがたは入ることができます。そこでキリストの希望と、キリストの愛であるアガペを伝えるために、一人ひとりが使命と責任を与えられています。そのことを自覚してほしいと思います。洗礼を受けたすべての人は、神の御国を広めるために召されているのです。

第一朗読はイザヤの召命の話です。彼は神の御前で、自分の罪を強く意識しました。畏《おそ》れにとらえられたイザヤは言います。「災いだ、わたしは滅ぼされる。わたしは汚れた唇の者。汚れた唇の中に住む者。しかも、わたしの目は王なる万軍の主を仰ぎ見た」。すると、セラフィムが飛んで来て、祭壇から取った炭火を口に触れさせ、彼を清めたのです。咎《とが》は取り去られ、罪が赦されました。そして「誰を遣わすべきか」という主の御声にイザヤはとてもきれいな言葉で答えます。「わたしがここにおります。わたしを遣わしてください」。

この態度は素晴らしいです。本当に素晴らしい。私たちも神の御前でイザヤのように、「主よ、私は小さい者です。足りないところもありますが、どうぞ私を遣わしてください。私はここにおります」と祈りましょう。

たぶん、あなたは百パーセント完璧にできないかもしれません。でも、二十パーセントできればいいと考えましょう。そのような心を持っているたくさんの人がいると、素晴らしい仕事ができます。素晴らしい結果が生まれてきます。神の御国の種がだんだん広がっていきます。「私も召されている。私に神の国がかかっている」。一人ひとりにそのような意識があればよいのです。

何年か前のことですが、「教会の仕事に協力してくれませんか」と、ある方にお願いしました。その方はがんを患い、手術をして回復したところでした。「神父さま、その仕事をしてもよいのですが、その仕事を完成するまできっと二、三年はかかるでしょう。私は医者に長くてもあと八ケ月の命だと言われています。でも今は元気です。今日ならできます」と言ってくれました。それで仕事を引き受けてくださったのです。八ヶ月どころか何年も経ちましたが、その人はいまだに元気です。

とにかく、今できることなら、それをすればよいのです。「主よ、私はここにいます。あなたの名によって何でも喜んで協力します」という態度です。神の御栄えのために、家庭の中で、会社の中で、社会の中でどうすればよいかを考え、行動する。これが召し出しです。

キリストはペトロに「沖に漕ぎ出して網を降ろし、漁をしなさい」と、協力を求めました。ペトロたちが夜通し働いても、魚一匹もかからなかったのです。常識で考えれば、かかるはずがないのです。にもかかわらず、ペトロは「お言葉ですから、網を降ろしてみましょう」と答え、そのとおりにしました。神の道は普通の道と違います。時々「こんな小さな私にはとてもできないことです」と思うようなことを、経験したこともないような不可能なことを神は求められます。もしペトロが断ったら、何もとれなかったでしょう。でも、命令に従ったのでおびただしい魚がかかりました。

「主よ、どうすればよいか教えてください。あなたに従えば、私は何でもできます」。あなたが置かれている場でこのような心で祈るなら、素晴らしい実りをもたらします。私たちの小さな協力は必要とされています。

あなたが今できることは何でしょうか。明日ではなく、今どうすればよいか。それを教えてくれるのは、心の中で響いている神の声です。忘れてはならないことは、その時に自惚れるのではなく、むしろ神の光に照らされて、「神さまがすべてのことをやってくださる。私は神さまに協力するだけです。すべて神さまに任せます」という謙虚な心で、確信を持って歩みましょう。どちらかといえば楽観主義です。「神が共にいてくださる」という自信です。これが今、私たちに求められていることだと思います。

神が近づいてくださったとき、イザヤとペトロのように「私がここにおります。私を遣わしてください。私には理解できないことですが、お言葉ですから、従います」と答えましょう。

私たちが心からそう答えることができるように、神の光を願いましょう。

年間第六主日

ルカ六・十七、二十―二十六

第一朗読　エレミヤ十七・五―八

第二朗読　一コリント十五・十二、十六―二十

今日の福音の「今飢えている人々は、幸いである」、「今泣いている人々は、幸いである」、「富んでいるあなたがたは、不幸である」というのは、どういうことでしょうか。

数ヶ月前に、ある学校に行きました。「六年生の子どもたちにカンボジアのことを話してください」と呼ばれたのです。私はカンボジアの写真を見せながら、地雷で足がなくなった子どもや、一日一回の食事しか食べられない子ども、学校に行きたくてもいけない子どもたちがいるという話をしました。その写真の子どもたちは皆笑顔でした。そこで「どうしてこのカンボジアの子どもたちは足がなかったり、食べ物がなかったり、学校に行かれなかったりするのに、私たちより喜んでいるの」と六年生の子どもたちに聞かれたのです。私はちょっと戸惑ったのですね。どう答えたらよいかと。

それで次のような話をしました。

カンボジアの子どもたちが集まっているところに、パンとスープを持っていった時のことです。私は最初に一人の女の子にパンをあげました。するとその子は、私の目の前で、まだもらっていなかった子どもにそのパンをちぎり、分けてあげました。そしてもらった子がまたパンをちぎって、小さな子どもにあげたのです。これを見た私は驚きました。パンは少なかったのに、分かち合うのですね。その最初にパンをちぎったお姉さんは、喜んでパンをあげました。

それからスープも配りました。ある子どもはすぐに「お母さんにもこれを食べさせたい」と言うのです。そのスープをこぼさないように気をつけながら、喜んで家に持って帰りました。きっとお母さんが喜ぶだろうと思うと、お腹がすいていても喜びを感じるのですね。

また、ある子どもが私のところに来たのですが、おそらく目が見えないのでしょう。私の手や体を触ったり噛んだりしながら、確かめているのです。そこに小児麻痺で歩けない子どもが、車椅子に乗ってやって来ました。すると、目の不自由な子が、一生懸命その車椅子を押してあげるのです。車椅子に座っている子が「そこを右に行って、そこは左。止まって」などと指示しています。私の目の前をすごいスピードで走って行きました。そして、車椅子の子も、目が不自由な子も、とても喜んでいるのです。歩けないのに、どうして喜んでいるのでしょうか。目が不自由でありながら、どうして喜んでいるのでしょうか。やはりお互いに助け合っているので、不自由なことがあっても、きっと喜びを感じるのでしょう。

もう一つの話です。昨日のバレンタインデーにチョコレートをもらいました。ラフォント神父と田丸神父にも分けようと思ったのに、おいしそうだったので、つい全部食べてしまったのです。おいしかったけれども何か寂しかったですよ。

でも、良いこともありました。私は山登りがとても好きなのですが、ある日、山に行くために支度をしていました。ちょうど出かけようとしたとき、一人の友だちから電話がありました。「息子が今入院しています。息子がどうしてもカンガス神父さまに会いたいと言っているのです。来てくださいませんか」と。つらかった。山に行きたかったですよ。でもね、リュックも靴も置いて、その友だちの息子さんのところに行きました。行きたい気持ちを我慢するのは辛かったけれど、ものすごい喜びがありました。辛さの中に大きな喜びがありました。人間が求めているのは、おいしいものや、楽しいものより、心の喜びです。

イエスが「富んでいるあなたがたは、不幸である」と言いました。あの時代のお金持ちは、自分のことだけを考えて全然持っているものを分かち合わなかったのです。おいしいものを食べたり、高価なものを買ったりしても、狭い心ならば、きっとその人は不幸だと思います。カンボジアの子どもたちは、貧しくても分かち合って喜んでいますね。楽しみというのは一時的なものです。外から与えられるものです。でも喜びは自分の中からくるのです。その喜びは本当に深いです。人間が最終的に求めているのは楽しみより、喜びです。イエスは楽しみを与えることを約束しませんでした。けれども喜びと、本当の幸せを約束してくださいました。

第二朗読にも書いてあったように、十字架の道はつらくても、最後に復活があるのです。必ず天国に行きます。大事なことは、心の中で喜びを感じることです。でも、この喜びを感じるために、時々犠牲を払わなければならないのです。今日の福音でイエスが話していらっしゃることは、とても深い意味を持っているのですね。寛大な心を持っているなら、たとえ貧しさや辛さを味わっていても喜びを感じるのです。逆に狭い心を持っているなら、金持ちであっても心はすごく寂しいでしょう。

今日、すべての人々がイエスのこの素晴らしい言葉を悟ることができるように祈りたいと思います。

年間第七主日

ルカ六・二十七—三十八

第一朗読　サムエル上二十六・二、七—九、十二—十三、二十二—二十三

第二朗読　一コリント十五・四十五—四十九

今日の福音のメッセージはイエスの典型的な教えなのですが、実現するのは非常に難しいです。特に「敵を愛し、あなたがたを憎む者に親切にしなさい」というのは、おそらく最初から実現することは不可能と言えるかもしれません。そうであっても、少しでも素晴らしい目標に向かって歩んでいきましょう。完全にできなくても、毎日一歩一歩進んでいきたいと思います。

人間は感情を持つのを止めることはできません。今朝起きたときに、「せっかくの日曜日だからゆっくりしたい」という気持ちになるのは、自然なことです。けれども、あなたがたはその感情に負けないで、今ここにいらっしゃいます。

もしその人のことが感情的に好きだったら、すでに敵ではないのですね。敵であるためには、その人と敵対関係にあるはずです。でなければ敵とは言わないでしょう。やはりイエスの

言われている愛というのは、感情の問題ではないのです。敵を愛し、親切にすることは、いくら努力してもなかなか人間にはできません。

敵を嫌だと思う感情があるのは当たり前です。特に身近な人にとてもひどいことをされたとすれば、その人に嫌な気持ちを持つのは、人間として避けられないことだと思います。兄弟や夫婦の間で不和があるのは、仕方がない場合もあるのですね。でもイエスは、「悪口を言う者に祝福を祈り、あなたがたを侮辱する者のために祈りなさい」とおっしゃるのです。それは、嫌な感情を乗り越えて「あの人に恵みをお与えください」と祈ることです。これは難しいです。嫌いな人のために恵みを求めるということは、本当に難しいです。神の力が要ります。そのために私たちは祈ります。

「あなたの頬を打つ者には、もう一方の頬をも向けなさい」。これも、イエスの有名な教えですね。悪の代わりに、善を返すということです。普通なら、誰かが私の頬を打ったらどうしますか。一つ打たれたら、怒って二つ返すのですね。それからエスカレートして、国と国との間の戦争なら、どんどん戦争は激しくなるでしょう。家庭の中での喧嘩でも同じです。イエスが言われたのは、悪に対して悪を返さないだけではないのです。頬を打たれたなら我慢して何も返さない。でもまだ足りない。頬を打たれたらもう一つの頬を向けなさい。あなたの上着を取る人に下着も与えなさい。これは人間がいくら決心しても、努力してもなかなかできないことです。「あなた方を迫害する者のために祝福を祈りなさい。祝福を祈るのであって、呪ってはなりません」（ローマ12・14）、「悪に負けることなく、善を持って悪に勝ちなさい」（ローマ12・21）とパウロは書きましたが、イエスの教えを実行するのは本当に不可能と言ってもいいくらいです。人間の力だけではできないことです。

第二次世界大戦のとき、ダッハウ強制収容所でナチスに殺された牧師はこう書いています。「十字架に釘づけられたキリストはすべての人を愛しておられます。イエスは私を愛するのと同じように、私の敵を愛している。その人のためにも十字架上で命をささげた。私は敵に会うとき、いつもこう考えるのです。神はこの人に命を与えたと」。収容所で殺されたとき、彼はやはりこの気持ちを持っていたでしょう。

イエスは繰り返して言いました。「敵を愛しなさい。あなたがたの父が憐み深いように、あなたがたも憐み深い者となりなさい」。すべての人は神の子どもでしょう。もし私がある子どもをいじめたとすれば、お母さんは自分もいじめられたように悲しくなります。逆に、私がその子どもを褒めるとすれば、お母さんは自分が褒められた以上に喜ぶでしょう。神も同じです。すべての人は神にとって大事な子どもなのです。私たちが人を憎めば、神は痛みを感じます。やはり私たちは神の子どもですから、神のように人々を愛することをイエスは教えてくださいました。私たちがたとえ憎しみを抱えていても、それを乗り越え、その人のために心から祈りましょう。そうすれば私たちの心は平安になるでしょう。

世界で起きている戦争を考えてください。イエスの教えてくださったことを実現させれば、戦争などあるはずがないのですね。イエスの教えてくださったことの素晴らしさに、世界中の人々が気づきますように。

年間第八主日

ルカ六・三十九—四十五

第一朗読　シラ二十七・四—七

第二朗読　一コリント十五・五十四—五十八

イエスは今日の福音で「兄弟の目にあるおが屑は見えるのに、なぜ自分の目の中の丸太が見えないのか」と言われました。相手の小さな欠点ばかりを批判する人がいます。イエスの言葉の意味は、「相手の悪いところを細かく見ないようにしなさい。まず自分自身に気をつけなさい」ということです。人を見るとき、私たちはどのような目を持っているでしょうか。

この前、若い夫婦が教会にやって来ましたが、来る途中に喧嘩をしたというのです。話を聞いてみると、二人とも本当に疲れていたのです。看護師の奥さんは夜勤明けで、ご主人は連日夜遅くまで残業をしていました。疲れていると、小さなことで腹が立つのですね。そのようなことは結構ありますよ。

お互いの良いところを見るように心がければ、家庭の問題は解決できると思います。子どもたちに悪いところを指摘するより、良いところを褒めた方が前向きになるでしょう。夫婦の間も同じです。悪いところを責めるのは、お互いにやめましょう。たとえば「今日の夕飯はおいしかった」と褒めましょう。前向きな心を持つと家庭は円満になります。

新聞を見ると、良いことよりも悪いことばかりを報道しているようです。ニュースは事件や事故を扱うので、まるで世の中は悪いことばかりのように見えます。たまに良いニュースを見ると、ほっとしますね。

世界平和は家庭から始まるのです。小さいことから始まります。バラ色の眼鏡をかけて、相手の良いところを見ましょう。これは神の眼差しです。神はご自分にかたどって、人をお造りになりました。私たちが人を批判するとき、神を侮辱します。すべての人は神の似姿に造られているのですから、人を責めることは神を責めることになるのです。

「神はお造りになったすべてのものをご覧になった。見よ、それは極めて良かった」と創世記に書いてあるでしょう。神は、バラ色の眼鏡で私たちを見てくださいます。神は人間の心の中に、たくさんの素晴らしいところがあることをご存知です。でも私たちは、人を見るとき「あばたもえくぼ」ではなく、「えくぼもあばた」になったりします。褒めるか、あるいは批判するか、どのように人を見るかによって全然違ってくるのですね。それは自分自身にもあてははまることだと思います。

今日、私たちは世界平和のために祈っています。世界平和は人間の心から始まります。私たちは世界平和に貢献するために、まず周りの人々をイエスが教えてくださったような目で見るように努力しましょう。

年間第九主日

ルカ七・一―十

第一朗読　列王記上八・四十一―四十三

第二朗読　ガラテヤ一・一―二、六―十

イエスはローマ軍の百人隊長の信仰をご覧になって、「イスラエルの中でさえ、わたしはこれほどの信仰を見たことがない」とお褒めになりました。私たちはこの百人隊長から、いろいろと学ぶことがあると思います。

ローマ軍の軍人である百人隊長は、カファルナウムという町の駐留地に派遣されていました。カファルナウムはガリラヤの中で一番大事な町です。当時の人々は、シリアからエジプトに渡るとき、あるいは地中海に行くときは、いつもその町を通っていました。その町の駐留軍の歩兵百人を指揮する下士官が、この百人隊長でした。でも決して威張るようなことはなく、非常に温かい人だったようです。今日の福音で、病気で死にかかっている部下をそのまま放っておかず、癒そうと努力しています。部下の痛みと病気を自分のことのように感じていたようですね。

当時のローマ人はユダヤ人に対して偏見がありましたが、百人隊長はユダヤ人の長老たちを使いに出しました。百人隊長は広い心を持ち、謙虚でした。自分がイエスのところに行くのはふさわしくないと思い、ユダヤ人たちに「部下を助けに来てください」とイエスにお願いするように頼みました。

その時代のユダヤ人の間では　異邦人の家に入ると宗教的に穢《けが》れると言われていました。百人隊長はそれがわかっていたのでしょう。イエスが彼の家の近くに来たところで、「主よ、御足労には及びません。ひと言おっしゃってください。そして、わたしの僕《しもべ》をいやしてください」と言ったのです。彼は深い確信と信頼を持っていたので、どんなに遠く離れていても、イエスの言葉には治す力があると信じていました。イエスは神的な力を持っているという確信があったのでしょう。異邦人の家に入るような無理をしなくても、ひと言イエスが言うだけで部下は治ると信じていたのです。イエスが驚くほどの信仰でした。百人隊長の信仰はイエスに大きな喜びを与えたと思いますね。イエスはこれほど信頼されたと感じたとき、本当に感動なさったでしょう。

この一週間の間、私たちも一人ひとり置かれた場で、信頼と思いやりを持って生きる恵みを願いたいです。イエスに対する信頼と、周りの人々に対する思いやりを持っていた百人隊長は本当に素晴らしいです。今週、私たちもこのような心でこの一週間を過ごしたいと思います。

年間第十主日

ルカ七・十一―十七

第一朗読　列王記上十七・十七―二十四

第二朗読　ガラテヤ一・十一―十九

今日の福音はナインという町の門のところで、二つの群集の群れが出会ったときの出来事について語っています。

一方の群れは棺を担いでいる人と、それに付き添っている大勢の町の人たちです。この行列は死を象徴しています。その人々の中心は、死んだ一人息子です。老人が亡くなる時も悲しいのですが、若い人が亡くなった時の悲しみはもっと深いのです。亡くなったのは若者でした。一人息子で、母親は未亡人でした。死と絶望が、彼らを支配していました。

もう一つの群れは、イエスと弟子たちと一緒にいた大勢の群集です。その人々の中心は、命の源であるイエスです。イエスは周りの人々に心の命を分かち合っていました。素晴らしい教え、罪の赦し、永遠の命の約束をお与えになったのです。イエスと周りにいる人々は命そのものでした。その群れは、命と希望に満たされていました。

今日、私たちは神から授かった体の命、心の命、信仰と永遠の命の神秘を、もう一度味わいたいと思います。本当に命は何とも言えない素晴らしいものだと、誰でも感じられたでしょう。命は神秘そのものです。神から湧き出たものです。

ミケランジェロが描いたシスティーナ礼拝堂の壁画には、アダムの創造の場面があります。神が指を差し出し、アダムに命を授けているところですが、無から命に変えられていくアダムは素晴らしい表情をしています。

神は命の泉です。神は愛と命です。神は永遠から永遠に生きる。アルファとオメガ。初めがなくて終わりがないのです。神はその素晴らしい命を私たちと分かち合うために、親を通してその命を与えてくださり、また私たちはその命を伝えるために家庭生活を営み、神と協力します。命を伝えるのは分かち合うということです。命は地球より重いと言いますね。私たちは神の命を授かっています。命に対して犯される罪は、一番大きな罪ではないかと思います。

残念ながら、多くの方々は体の命があっても、心は生きていません。希望を持っていない。仕方がなくて生きている。毎日毎日、命の重荷を背負っているような感じがします。喜びをもって神に感謝し、神を賛美するように私たちは造られたのです。兄弟たちに思いやりを持つことによって、心の命が生かされます。イエスの周りの大勢の人々は、希望に満ちた命を持っていました。私たちはイエスから他人のために尽くすという心の命を授かっています。祈るとき、その心の命を新たにして皆さんと分かち合いましょう。

心の命や体の命のほかに、信仰の命、永遠の命も神から授かっています。私たちは必ず死ぬのですが、その死は肉体の滅びだけではないのです。死は、永遠の命に入るための最後の清めです。死を知らない命は、体の死の向こう側にあります。私たちは誰でも、どこかでそれを信じています。仏壇やお墓に供え物を献げるのは、亡くなった人は向こう側の世界で生きているということを、心のどこかで信じているからだと思います。

数年前にビエラ神父が萩で亡くなりました。私は彼のお葬式に行きました。ビエラ神父は八十代の明るい元気な神父でした。埋葬のとき、萩の教会の信者たちは棺の上に神父の好きだったはちみつを注ぎました。神父のもう一つの好きなものはスイカとメロンです。棺の上にメロンとスイカを置いて、信者たちは半分悲しみの涙を流しながらも、半分希望に満ちた心を持っていました。ビエラ神父の体は死んでも、ビエラ神父は神の懐において生きている、神の懐からきっと私たちを見守っていてくださると信じていたからです。

数年前に亡くなったある方は、海が大好きでした。定年になってから海が見える土地を買い、そこに家を建てました。引っ越しを楽しみにしていましたが、家が出来上がる前に亡くなりました。その奥さんは海に面している墓を、全国を回って探しました。やっと神戸の六甲山で海に面している墓を見つけ、そこにご主人の体を休ませました。奥さんは、ご主人が神の懐できっと喜んでくれていると信じています。

今日の福音で、イエスと出会ったときにその奇跡は起こりました。イエスが棺に手を触れられて「起きなさい」と言うと、死んでいた若者は起き上がってものを言い始めたのです。命の源であるイエスは、死を命に変えました。

病人の命や生まれたばかりの命、胎内の中に宿ったばかりの命など、いろいろな命がありますが、体の命を大事にしましょう。また、多くの兄弟たちは希望もなく、光もなく、硬い心を持っていて人を赦すこともできません。その人々に心の命を分かち合うようにしましょう。そして、私たちに信仰と永遠の命を与えてくださるように、今日このミサの間、神に願いましょう。

年間第十一主日

ルカ七・三十六―五十
第一朗読　サムエル下十二・七―十、十三
第二朗読　ガラテヤ二・十六、十九―二十一

数年前、六人の司祭が食堂で朝食を食べていた時のことです。「人間は誰でも、少し精神的に変わっているところがあるのではないか」という話になりました。そこで、そこにいる一人ひとりに尋ねていきました。「あなたは自分が多少変わっていることを認めますか」と。すると、そこにいた司祭の全員が「はい」と答えたのです。その時の私たちの結論は、「変わっていることを認める人の方が、まともな人間なのではないか」というものでした。「自分の弱さを認めない人こそ、本当はおかしいのかもしれない」と話しました。

人間である以上、精神的に弱いところが必ずあるはずです。肉体的にも同じです。皆、体にどこか弱いところがあり、また、誰でもパウロが言うように罪を犯します。例外はありません。私たちは罪人です。程度は違っているかもしれませんが、根本的に皆同じです。大事なこ

とは、それを知り、認めることです。もちろん、直すことができるところは直します。毎朝会社に遅れてしまうなら、早く起きるように自分と闘ってほしいと思います。でも、どうしても直すことができない精神的、肉体的な弱さは誰でも必ず持っています。私たちはそれを認めながら、謙遜な心で受け入れることが大切です。

ダビデは、戦地でダビデのために戦っていたウリヤを裏切り、ウリヤの妻バト・シェバと姦通の罪を犯しました。ダビデの子を宿したバト・シェバを自分の妻にするために、ウリヤを激しい戦いの最前線に出し、戦死させせました。ダビデは自分の罪を全く自覚していませんでした。その時、神は預言者ナタンを送ったのです。ナタンから主の言葉を告げられると、初めてダビデは自分の罪を認め、「わたしは主に罪を犯した」と告白します。その瞬間、ナタンは言います。「その主があなたの罪を取り除かれる。あなたは死の罰を免れる」。罪を認めたので、ダビデは救われました。

パウロは自分の弱さを知っていました。「人は律法の実行ではなく、イエス・キリストへの信仰によって義とされる」と手紙に書きました。パウロは、自分の力ではなく、信仰によって神の恵みがただで与えられることを知っていたのです。

ファリサイ派のシモンは、自分が正しいと思っていたので、家に入ってきた罪深い女を裁くのですね。そこでイエスはシモンに言います。「わたしがあなたの家に入ったとき、あなたは足を洗う水もくれなかった。接吻の挨拶もしなかった。頭にオリーブ油を塗ってくれなかった」。罪深い女は自分の弱さを知っていました。それでイエスのところへやってきて、泣きながらイエスの足を涙でぬらし、自分の髪の毛でぬぐい、接吻して香油を塗りました。そこでイエスは言われます。「あなたの罪は赦された」、「あなたの信仰があなたを救った。安心して行きなさい」。女は自分の罪深さを認めたので、救われました。

私たちは例外なしに罪人です。程度は違っていても、みんな同じような弱さを持つ兄弟です。弱いところがあるとしても、それを認めさえすれば、私たちは神と共に素晴らしいことができるのです。

今日のミサの間、自分の弱さを認め、受け入れて、私たちが神の力によって素晴らしいことができるように、神の恵みを願いましょう。

年間第十二主日

ルカ九・十八―二十四
第一朗読　ゼカリヤ十二・十―十一、十三・一
第二朗読　ガラテヤ三・二十六―二十九

「日々、自分の十字架を背負って、わたしに従いなさい」とイエスは言われました。「日々」という言葉は深い意味を持っているのですね。それは、昨日のことでもなければ、明日のことでもないのです。「大事なのは今日」ということです。

ある人は過去のことを心配します。あの時、あんなことをして失敗だったと、思い悩むのです。でも過去のことは、すでにもう終わったのですよ。悔やんでも仕方がないのです。昨日のことを心配していると、今日を一生懸命生きることができません。そして、今日を十分に生きないので、明日はまた今日のことで悩むかもしれません。私たちには将来のことはわかりません。明日生きるか死ぬか、わかりませんね。イエスが教えてくださった主の祈りに「わたしたちに日ごとの糧《かて》を今日もお与えください」という祈りがあります。明日の分もお願いするので

はなく、今日だけの糧です。

出エジプト記に面白い話が書いてあります。荒れ野にいたイスラエルの人たちは天から降ってきたマナを食べて生活しましたが、何人かの人は明日のことを心配して、翌日の分を取っておきました。ところが翌朝になると、とっておいたマナは、虫がわいて臭くなってしまったのです。安息日以外は蓄えておくことができず、日々必要な分だけ集めることしかできませんでした。私たちが、このように生きるなら、毎日、毎日、神に頼っていくことになります。

毎日、自分ができることをすれば、それで良いのです。今日、大事なのは今を生きること。そして今日の十字架を背負うこと。難しい十字架ではないのですね。小さいことでいいのです。毎日、自分のつらい仕事、自分の性格的な弱さなど、皆それぞれ、与えられた自分の十字架を持っている。「今私はどの十字架を背負うべきか」ということを見極めて、それを背負っていけば良いわけです。一日の十字架というのは難しくないでしょう。

今月の初めに長崎に行き、聖コルベ記念館を訪れました。コルベ神父は確かに英雄的なことをしました。アウシュビッツ強制収容所で、自らすすんでほかの受刑者の身代わりとなり、餓死室での死を選びました。彼がこのような英雄的なことができたのは、毎日、日々の小さな十字架を耐え忍んでいたからだと思います。長崎で宣教していたとき、「聖母の騎士」を作るためにコルベ神父はものすごく働きました。夜はゆっくり休みたくても、蚊に悩まされました。蚊帳が一つしかなかったので、コルベ神父はその蚊帳を一緒にいた修道士に譲ったそうです。

毎日、そのような小さな十字架はたくさんあります。日々の十字架は、毎日の小さなことでしょう。難しいことではないのです。目立たない小さなことでも十分なのです。イエスは三十年ほどの間、ナザレで目立たない平凡な生活をなさいました。何をなさったかということは聖書にほとんど書いてありません。イエスが素晴らしいメッセージを伝えるための公生活はわずか三年間でした。それまでイエスは目立たない、隠れた生活をなさったと言われています。

私たちの先頭に立っているイエスは確かに十字架を背負いましたが、復活に向かって歩みました。つらいことがあっても、先にそのつらさをイエスが味わってくださったので、私たちもイエスの後について行くことができます。毎日いろいろなことがあると思いますが、大事なことは今を生きることです。イエスと共に十字架を背負いながら、私たちも復活に向かって歩みましょう。

年間第十三主日

ルカ九・五十一―六十二

第一朗読　列王記上十九・十六b、十九―二十一

第二朗読　ガラテヤ五・一、十三―十八

今このミサに多くの若い人が参加しています。もしあなたがたに「一番親しみのある、また憧れの言葉は何ですか」と尋ねたら、おそらく「平和」や「友情」と答える人が多いでしょう。「自由」と答える人もいると思います。今日の第二朗読は、私たちが神の子としての自由に生きるためにはどうするべきか、ということを教えています。

そこで今日は「自由」について話したいと思います。確かに、いろいろな自由があるでしょう。政治的な自由については、今日は話しません。今日話したいのはイエスが教えてくださった人間的な自由、道徳的な自由、哲学的な自由についてです。

軽く考えれば、自由とは気ままにしたいことをすることだ、と思う人がいるでしょう。しかし、決してそうではありません。遊びたい放題遊べば、それが自由だと思いますか。決してそ

うではないのです。怠けたいときに怠ければ自由というわけでもありません。気ままに生きるという自由は、結局自堕落な生活に陥るか、あるいは最後に刑務所ですべての自由が奪われるところまで導いてしまうようです。誰でもスランプに落ちたことがあると思いますが、スランプのときに私は強く感じたのです。「私はやるべきことがどうしてもできない。わがままや欲に惹かれて、やりたくないことをやってしまう」と。真の自由というのは気ままに、わがままに生きるということではないようです。

では、真の自由とは何でしょうか。それは、唯一の目標をつかむこと、つまり神を見出すことです。私たちは神を見ることができません。けれども、神はいろいろな手紙を毎日のように送ってくださいます。私たちは隠れた手で手紙を書く神を認める必要があります。それが真の自由への道です。

神を目標とすれば、必ず私たちは道をまっすぐに歩むことができます。その最終的な目標はどうしても必要です。無条件に神に従いながら目標に向かっていけば、真の自由を得ることができます。

今日の福音で、ある人は「まず、父を葬りに行かせてください」と言いました。また、別の人が「家族にいとまごいに行かせてください」と言うと、イエスは「鋤《すき》に手をかけてから後ろを顧みる者は、神の国にふさわしくない」と言われました。イエスは「無条件に従いなさい」と強く勧められます。私たちは時々何かを選択するとき、まず、自分のやりたいことを選ぼうとします。二の次に神のことを考えるとすれば、まだ神の光をつかんでいない証拠ではないでしょうか。イエスがおっしゃりたいことは、「まず、神を優先にしなさい」ということです。今日の福音は厳しいですね。でも、この厳しさの中で神に向かっていく人は、必ず真の自由を味わうことができます。

数か月前、ある司祭が病気になり、検査をして、がんと宣告されました。私が見舞いに訪れたときに、彼はまったく自由でした。「神の思し召しですから、これで良いのではないか」と、すごい明るさと確信をもって話してくれたのです。実は、私はとても心配していました。でも、彼の明るさを見て、彼ほど自由な人はいないと思いました。本当に彼は神をつかんでいました。神の思し召しが最優先でした。「神の思し召しなら、がんでも良い」という強さと自由を持っていました。

先日雲取山に登るために、麓《ふもと》まで車で行きました。中央高速道路を下りてから、地図を見ながら青梅街道を走り、八王子まで行きました。地図の案内に従うことは、気ままに行くよりも、束縛されることかもしれません。でも、地図は私たちにとって目的地に行くために必要なものです。神が与えてくださる掟は地図です。掟は決して束縛を与えるためにあるのではなく、目的に到着するためにあるのです。また、掟は線路のようです。線路は多少、電車に束縛を与えるかもしれませんが、線路があるからこそ、車両は何百キロものスピードを出して走ることができるのです。線路は目的地までつながっています。ここにいる私たちは、神という目標を定めています。

今日イエスは「真の自由のために、いつも神を第一に選びなさい」ということを教えてくださいました。まず自分の心の中で、神は何を示されるかを見極めましょう。私たちは神の子どもです。神に向かって歩みながら、やるべきことをやりましょう。今、光を求めているたくさんの方々は、無意識のうちに、真の光、真の自由、真の真理は確かに聖書にあると感じています。そして、それを求めています。私たちはその兄弟たちに光を与えるために召されています。その光をつかんで、神に向かって歩みながら、周りの人々に光を与えていきましょう。その大きな恵みを神に願いたいと思います。

年間第十四主日

ルカ十・一―十二、十七―二十、

第一朗読　イザヤ六十六・十―十四c

第二朗読　ガラテヤ六・十四―十八

今日の福音は派遣についての話です。「わたしはあなたがたを遣わす」とイエスは言われました。

すべての救いの泉は神にあります。神のみ心の泉から湧き出た、その救いの神秘を次の世代の方々に授けるために、私たちは選ばれています。私たちの協力が必要とされています。キリストは十二人の弟子のほかに七十二人を任命し、同じ権利と使命を与えてくださいました。その七十二人は、弟子たちと同じように奇跡を行うことができました。十二人の弟子を司祭や修道者に、七十二人を信徒にたとえてもよいと思います。キリストはあなたがたのような信徒を通して、キリストの国を広げたいと思っていらっしゃいます。

司祭は会社の中に入ることはできません。でもあなたは会社の中で、行いによってキリストの国を周りの人々に伝えることができます。家庭でも同じです。子どもの心を育てるのはお父さんとお母さんです。毎日のように子どもと一緒にキリストの国を分かち合うことによって、子どもの心は育っていくのです。

キリストが十二人の弟子のほかに、七十二人の協力をお求めになったように、今日イエスは司祭と修道者のほかに、すべてのキリスト者の協力を求めていらっしゃいます。ご存知のとおり、私たちは洗礼を受けたその瞬間から、すでに遣わされているのです。私たちはキリストの司祭職に参加し、キリストと共に何らかの形で司祭としての役割を持っています。私たちには、キリストのメッセージを伝えるための恵みがあります。力があります。キリストが私たちの力を必要としているのです。神の国において、一人ひとりがかけがえのない存在です。会社、家庭、学校などの置かれた場でキリストを伝えることが、私たちの使命なのです。

パウロが言うように、キリストの苦しみの欠けているところを満たすために私たちは遣わされています。私たちはキリストの国に必要な協力者です。その喜びを感じながら、キリストの光を兄弟たちと分かち合いましょう。

今日、具体的に福音は二つのことを教えてくださいます。一つは貧しさについてです。キリストは自分の弟子たちに、「財布も袋も履物も持っていくな」、「どこかの家に入ったら、その家に泊まって、そこで出される物を食べ、また飲みなさい」などと、とても厳しいことを言いました。考えてみますと、このメッセージは今の日本のために必要でしょう。戦争のあと、私たちはどちらかと言えばお金を拝んできたような感じがします。お金さえあれば何でもできるというような価値観で、世の中が動いています。

この前、森司教が次のような話をしてくださいました。ある小学校で、先生が子どもたちに「君たちにとって、幸せをもたらすものは何ですか」と尋ねたそうです。そのクラスの四十数人のすべての子どもたちは「お金」と答えたそうです。本当に今の日本にはこのような痛みがある。キリストの言葉こそ、今の私たちへの素晴らしいメッセージです。私たちはキリスト者として、イエスが教えてくださるお金の意味を兄弟たちに教えましょう。お金は目的ではなく、手段にすぎないのです。

イエスは、ある家に泊まったら、そこで出される物を食べ、また飲みなさいと言われ、また同時に、迎え入れられなければそれでも良いという、心の自由を持ちなさい、と教えられました。

日本に来たフランシスコ・ザビエルは、天皇からの布教の許可を得ようと思い、一五五〇年十二月に山口を出発しました。つらく長い旅の末、翌年一月に京都に着きましたが、汚れた貧しい身なりで、進物も持たなかったため、軽蔑され、謁見は叶いませんでした。そこで、いったんザビエルは平戸へ戻り、贈り物や自分の荷物を取りに行き、大名大内義隆に謁見するために山口に行きました。今度は立派な服を着て、珍しいたくさんの献上品を義隆に渡しました。すると義隆は、ザビエルの布教を許可し、その拠点として大道寺を与えたのです。ザビエルにとってお金は二次的なものです。大事なことはただひとつ。兄弟たちとキリスト的な心を分かち合うことでした。分かち合うためにお金が必要なら、平気でそのお金を使う。そうでなければ、そのお金を節約しました。

キリストは「どこかの家に入ったら、まず、『この家に平和があるように』と言いなさい」とお話しになりました。キリストがもたらす平和は、この世の平和ではないのです。この世の平和は、ただ喧嘩をしないことですが、キリストが教えてくださった平和は正義に基づいています。兄弟たちが飢えているなら、食べ物を分かち合うことによって、その兄弟たちと積極的な絆を持つことです。すべての人々が神の子として自由であり、物質的に十分なゆとりを持つことがキリストの平和です。私たちは困っている人々を助けるという使命を持っているのです。

真の平和、正義に基づく平和をつくるために、第三世界の人々にこの道を教えましょう。すべての人々が人間としての自由を持ち、神の子どもとして喜びの生活ができるような世界をつくりましょう。そのために、私たちは遣わされました。この一週間、与えられた場においてキリストのメッセージ、平和を人々と分かち合う努力ができるように祈りましょう。

年間第十五主日

ルカ十・二十五―三十七

第一朗読　申命記三十・十―十四

第二朗読　コロサイ一・十五―二十

十数年前のことですが、シスター高木慶子がつくったコスモス会という大学生の養成グループが市ヶ谷にあり、とても活発に活動をしていました。

ある日、シスター高木が五人の大学生と一緒に、地下鉄のホームで電車が来るのを待っていると、「助けてください。大変だ。危ない」という大きい声が聞こえました。どうも一人の酔っぱらいが線路に落ちてしまったようなのです。すでに電車が前の駅を出たというランプがついていました。急いで助けなければ轢かれてしまいます。すると、グループの一人の大学生が線路に降りて、その人を安全な所に連れていき、その人は間一髪で助かりました。簡単なエピソードですが、その学生は本当にきれいな心を持っていました。

今日の福音は私にこの出来事を思い出させます。私たちは全人類を愛することができます。

これは決して大げさなことではないと思います。あなたがたは一度も会っていない人を愛することができますか。今日のたとえ話のサマリア人は、追いはぎにやられた人と一度も会ったことがありませんでした。おそらくその道すがら、ただ会っただけなら、挨拶もしなかったでしょう。けれどもそのサマリア人は、自分を必要とする人を、命をかけて救いたいという素晴らしい心を持っていました。

エルサレムからエリコに行く途中は、とても寂しいところです。山に囲まれ、今でもそこを通ると怖いと感じます。あの時代はさらに寂しいところだったでしょう。追いはぎがそこに待ち伏せしていて、お金を盗るために旅人を殺すことがありました。今日の福音に登場するレビ人や祭司は、危ないから逃げてしまったという可能性があります。そこで立ち止まって世話をしていると、追いはぎがやって来て自分もやられるという心配があったからです。しかし、サマリア人は自分の安全を忘れて、その人を救おうとしました。また、お金も時間もささげました。サマリア人はその人を心から愛しました。命をかけるほど愛しました。彼は自分の世話を必要とする人がいれば、誰であっても尽くそうとする心を持っていました。当時、ユダヤ人はサマリア人に偏見を持っており、あまり付き合わなかったので、見下されていたサマリア人がユダヤ人を助けたというのは、本当に感動的なことなのです。

私たちも知らない人に対して、そのような心を持つことができます。開かれた心を持てば、私たちはサマリア人のようになると思います。時々、この教会でもフィリピンやエチオピアの人たちのために募金をしていますね。サマリア人のように知らない人を助けることは、私たちも毎日のようにできます。

このミサの間、そのような広い心を持って人々と関わることができるように祈りましょう。すべての人は神の子どもです。もし誰かが私の世話を必要としているなら、その人を助けましょう。コスモス会の青年のように、命がけということもあれば、また、席を譲ることや、目の不自由な人を助けること、あるいは飢えている人のために施しをすることなどのように、小さなことでもいいのです。そのチャンスは毎日のようにあります。今日、素晴らしい善きサマリア人のたとえ話を味わいながら、人々のために尽くすという心が与えられるように神に祈りたいと思います。

年間第十六主日

ルカ十・三十八―四十二

第一朗読　創世記十八・一―十a

第二朗読　コロサイ一・二十四―二十八

今日の第一朗読と福音朗読は客を歓迎し、もてなす場面がでていますね。英語ならホスピタリティです。このホスピタリティという言葉には歓迎することも、もてなすことも両方入っています。日本語でこの言葉を訳すことはとても難しいです。この歓迎することと、もてなすことは、ここに座っている私たち一人ひとりの使命だと思います。キリスト者は、無条件に人々に関わっていくように招かれているのです。

知らないうちに、私たちの人との関わりは、お中元の交換のようになってしまっています。「私がここまでやったのだから、あなたはここまでしなくてはならない」。これが条件となり、人々に圧力をかけて、自分の思い通りにすることが多いです。このような意識が周りの人々に伝わってしまったら、もてなしに意味がありません。私たちの関わりは、人々を穏やかにしていくものです。人々に自由を与え、成長させるものにならない限り、誰も自由に生きられないでしょう。

マルタはイエスをもてなすために、忙しく立ち動いていました。ところが、「主よ、わたしの姉妹はわたしだけにもてなしをさせていますが、何ともお思いになりませんか。手伝ってくれるようにおっしゃってください」と、イエスに圧力をかけています。このマルタのように、人を自分の思い通りに動かしたいという誘惑が、私たちの毎日の生活の中でも結構あるのではないでしょうか。私たちの生活がそうなってしまったら、おしまいです。愛の心でやっていないです。これが、私たちの直していかなければならないところです。

どうして、マルタはそんなに文句を言いながら、もてなす必要があるかなと思うのですね。神経がピリピリしていると、ちょっと針を刺したら感情が爆発です。このようなピリピリの神経を少しでも減らして、穏やかな心で人々の中に生活してほしいと思います。

イエスの招きは沈黙の中に生まれてくる招きです。インドの長い伝統の中で、沈黙はものすごく大事なものです。何か質問しても返事をしないという、不愉快な思いを与える沈黙ではないのです。生きている沈黙です。マリアは主の足もとに座って話に聞き入っていたと書いてありますね。この生きている静けさ、それはどこにあるのでしょうか。いくら周りを探しても、どこにもないでしょう。それは自分の中にあるからです。私たちが内面を見つめているなら、生活が変わると思います。この沈黙と穏やかさを毎日培っていきましょう。自分の置かれた場で、少しでも新たな気づきをもって成長していくならば、自然に人々に何かを与え、また、自分も何かを受ける可能性があるのです。それは、物質的なものではありません。精神的な力を私たちがお互いに交換していくことが大切です。この無条件の関わりに意味があるのです。

第一朗読の最後に「来年の今ごろ、あなたの妻サラに男の子が生まれているでしょう」と言って三人のお客様は去っていきました。もてなしが無条件なものなら、神が祝福してくださいます。アブラハムとサラは、三人が主の御使いであると知らずにもてなしました。

毎日の生活で出会う人々と、今日が最後だという気持ちで会うほうがよいと思います。私はこの教会でたくさんの人々に出会いますが、私にとって毎日が最後の日です。今、その人と最後の時間を過ごしていると思えば、温かい関わりができると思います。神からいただいたこの命を、人々の中に穏やかに配っていきましょう。この心の寛大さ、心の静けさをこのミサを通して願いながら、ミサを続けたいと思います。

年間第十七主日

ルカ十一・一―十三

第一朗読　創世記十八・二十―三十二

第二朗読　コロサイ二・十二―十四

弟子たちはイエスに「わたしたちにも祈りを教えてください」と願いました。おそらく皆さんも、誰かに祈り方を尋ねたことがあると思います。

ある時、私はカラチでイスラム教徒と一緒に祈りました。彼らは一日五回、決まった時間に祈ります。また祈るときの姿勢も、向きも、言う言葉も決まっているのです。弟子たちもイエスに、何を、どこで、いつ、どのように祈ったらよいか尋ねようとしました。イエスの答えは見事です。「祈るときには、こう言いなさい。『(アッバ) 父よ』」。アッバという言葉はヘブライ語で小さい子どもがお父さんに呼びかけるときに使う言葉です。

祈るとき、大切なことはたったひとつ。幼子がお父さんとお母さんに持っているような信頼の心です。その心さえあればよいのです。大事なことは外面的なこと、すなわち祈る時間、姿勢などだけではないのだとイエスは教えてくださいました。

私たちは神を見ることはできません。でもどこかで神の存在を感じるのです。祈るときには、御父のみ手のうちに生きているという気持ちがあればよいのです。どんな願いでも結構です。神頼みも素晴らしい祈りです。神頼みをするときには、私たちは自分の惨めさ、足りなさを感じているのです。だからこそ、私たちは全能である神を求め、神に向かっていくのです。どこで祈るかということも、人それぞれです。ある青年はこう言いました。「私が一番祈りやすいところは教会の中ではなくて、混んでいる電車の中です」。不思議ですね。立ったままで周りに人がいっぱいでも、そこでそれとなく神との一致を味わうことができる方もいるのです。ロザリオで祈るのもよいでしょう。とにかく、いつ、どこで、どのように祈るか、それは何でも構いません。大事なことは、神への信頼と感謝の心を持つことです。

今日の第一朗読で、アブラハムはソドムとゴモラが滅ぼされるのを止めるために、「正しい者がいるなら滅ぼさないでください」と主に訴えました。この神との取引も素晴らしい祈りです。神はアブラハムの必死の訴えに応えてくださいました。

祈るとき、毎日の生活とかけ離れた別の人間のようになって祈るのではなく、ありのままの気持ちで祈ることが大切です。赤ちゃんが親に向かって泣き叫ぶときのような心で祈ってほしいと思います。

「その人は、友達だからということでは起きて何か与えるようなことはなくても、しつように頼べば、起きて来て必要なものは何でも与えるだろう。そこで、わたしは言っておく。求めなさい。そうすれば、与えられる」とイエスは言われました。結局、私たちが今必要としているものを求めることが、素晴らしい祈りになります。「わたしたちに必要な糧《かて》を毎日与えてください」という祈りを、イエスは教えてくださいました。毎日の生活の中で必要なもの、身近なものを願えば、それが素晴らしい祈りです。

最後に簡単な祈り方を教えます。たとえば、今考えていることがあるとします。その時、最初に「神さま」あるいは「イエスさま」と呼びかけるのです。すると、単に自分一人で考えていることではなく、神との対話になります。「今年の夏休みに蓼科に行きます」と言う場合と、「神さま、今年の夏休みに蓼科に行きます」と言う場合では、気持ちが違ってくるでしょう。文章の前に「神さま」という言葉をつけるならば、きれいな祈りになります。

母親に抱かれている幼子のような気持ちで、「アッバ、父よ」と祈るなら、何を願っても、何を話しても、文句さえ言ってもよいのです。今日、典礼は私たちに「どう祈ったらよいか」ということ、とても大事なことを教えてくださいました。

年間第十八主日

ルカ十二・十三—二十一
第一朗読　コレヘト一・二、二・二十一—二十三
第二朗読　コロサイ三・一—五、九—十一

「ある金持ちの畑が豊作だった。金持ちは作物をほかの人と分かち合わず、自分一人で楽しもうと思い、大きい倉を作って作物を収めた。しかし神は『愚かな者よ、今夜、おまえの命は取り上げられる。お前の用意した物は、いったいだれのものになるのか』と言われた」。

今日のイエスのたとえ話は、分かち合うことについて教えてくださいます。イエスは金持ちを裁いているのではなく、自分が豊富に持っている物をほかの人と分かち合わないこと、つまり貪欲に気をつけなさいと言っておられるのです。「有り余るほど物を持っていても、人の命は財産によってどうにもできないからである」と言われ、神の御前に豊かに生きることの大切さを教えてくださいました。

イエスは、金持ちであったニコデモ、アリマタヤのヨゼフなどを大切にされました。この人

たちは十字架の足元にいき、友だちであったイエスを墓に葬ったのです。さらに、自分の財産の半分を貧しい人々に分け与えると言った金持ちのザアカイを褒めました。また一方では、家の門前にいた貧しいラザロを無視し、自分だけぜいたくに暮らしていた金持ちが、死んだ後に苦しんでいるというたとえ話をされました。

今、世界で一番多くの財産を持っているのは、マイクロソフト創業者のビル・ゲイツです。ゲイツ夫妻は毎年貧しい国に行き、数日の間貧しい人々と共に生活し、自分の財産の大部分をエイズ患者や飢えている人々、病気の人々にささげています。世界最大の慈善基金団体であるゲイツ財団は、夫妻によって二〇〇〇年に創設されました。世界一の金持ちゲイツご夫妻は福音的な心を持っているのです。

現代はグローバリゼーションの時代です。グローバリゼーションの良いところは、人や物やお金と情報の国際化によって、人類をますます一致させることです。生産性が増し、経済を成長させます。グローバリゼーションの悪いところは、人間にとっての最高の基準が人権ではなく、経済になってしまうことです。グローバリゼーションによって、尊敬、愛、あるいは宗教、正義、平等の価値が低くなっていきます。人間より生産、利益、能率、お金を大切にするようになります。競争によって、豊かな人々はますます豊かになり、貧しい人々がますます貧しくなるのです。能率の悪い人はカットされます。これによって、貧富の差は年月が経つにつれてひどくなっているのです。

今日の典礼は、私たちがイエスのように他人のために生きる人、他人を生かす人、マン・フォー・アザーズであるように勧めています。そのために神の恵みと光が注がれるように祈りましょう。

年間第十九主日

ルカ十二・三十二―四十八

第一朗読　知恵十八・六―九

第二朗読　ヘブライ十一・一―二、八―十九

イエスは今日、不思議なことを教えてくださいました。「尽きることのない富を天に積みなさい。そこは、盗人も近寄らず、虫も食い荒らさない」。

私たちは長い間、働いて貯めたお金を大切にします。年をとっても生活ができるように、貯めたお金を安全で、高い利子を払う銀行に預けたいのですね。今日、イエスは最高に厳しい、また安全な銀行を紹介してくださいました。それは、お金を貧しい人に分け与えることです。確かに貧しい人にお金を与えると絶対に返ってこないのですね。でもイエスの話によると、神が無限な利子をつけてくださるようです。

現代は、貧困のために苦しんでいる人々が世界中にたくさんいます。世界の人口七十億人の中で、十億人の人々が飢えています。その人たちは毎晩、お腹をすかせた子どもが泣くので眠

れません。七億八千三百万人が飲み水に困っています。また世界で二十五億人がトイレのない生活をしています。その汚水が広がって、いろいろなところに害を与えます。実際に毎日下痢で四千人の子どもが亡くなっています。飲んでいる水が不衛生なので下痢になるのです。毎日一ドル以下で生活しなければならない人が十四億人です。世界の人口の二十パーセントの人々が、世界の富、食べ物、水の八十パーセントを使っています。逆に世界の人口の八十パーセントが、残りの二十パーセントで我慢しなければなりません。今、中近東の問題で難民もどんどん増えていますね。

助けを求めている人々のために協力していくことが、今ほど世界で必要とされていることはないでしょう。私たちが神のもとに帰るとき、イエスに聞かれるのです。「あなたは世界中にいるあの飢えている子どもたちに食べ物を与えましたか。また未亡人や孤児たち、病気の人々を助けるために協力しましたか」と。あなたが与えたお金は永遠の報いという利子がつくのです。

使徒言行録には「主イエスご自身が『受けるよりは与える方が幸いである』と言われた言葉を思い出すように」(20・35)と書いてあります。受けるより与える方が幸い。これがイエスの銀行です。私たちはこの貧しい人々のための銀行に、お金だけではなく、時間、心などを預けることによって、イエスがそれを喜んで活かしてくださいます。

初代教会の信者たちは皆一つになって、すべての物を共有し、助け合っていました。彼らは財産や持ち物を売り、そのお金を皆で分け合いました。毎日ひたすら心を一つにして神殿に参り、喜びと真心をもって一緒に食事をし、神を賛美していたのです（使徒言行録2・43―47）。

ローマ帝国の人々の中にイエスの教えは、どんどん広がっていきました。その一番の理由は、信者たちの互いの愛に満ちた協力を見て、羨ましく感じたからだと思います。そこにはきっと暖かい、明るい喜びがあって、それを見ていた人たちが次々と洗礼を求めたのでしょう。イエスが教えてくださったキリスト教は、ただ神を礼拝する宗教ではないのです。大事なことは、人のために自分の持っている物を与えることです。人間の本当の幸せはそこにあります。

教皇フランシスコもこう言っています。

「お金は人々を支配するためや、自分が楽しむためではなく、人々を助けるためにあります。貧しい人々のために施し、お互いに助け合うことによって、私たちは現世において幸せになります。死後の世界においても永遠の報いを受けることができるのです」。

私たちの物を人々と分かち合いながら、尽きることのない富を天に積んでいきましょう。

年間第二十主日

ルカ十二・四十九―五十三
エレミヤ三十八・四―六、八―十
ヘブライ十二・一―四

先週の福音では、イエスが信仰について厳しい話をされました。私たちはもっと目覚めて生きなければならないのです。今、世界で飢餓によって亡くなる人が毎日二万五千人もいます。この事実は恐ろしいことですね。

ルカ十六章に金持ちとラザロのたとえ話があります。あの金持ちは積極的に悪を行ったわけではありませんでした。ただラザロを助けることを怠ったということだけで、陰府《よみ》でさいなまれる罰を受けるというのは、重く、厳しいものです（16・19―31）。あるいはマタイ二十五章にも、「お前たちは永遠の火に入れ。わたしが飢えていたときに食べさせず、のどが渇いていたときに飲ませず、旅をしていたときに宿を貸さず、裸のときに着せず、病気のとき、牢にいたときに訪ねてくれなかったからだ」（26・41―42）というイエスの厳しい言葉があります。私たちが真剣にこのことを考えるように、イエスは勧めてくださいます。

今日の福音でもまた、イエスは「私は地上に平和をもたらすために来たと思うのか。そうではない。むしろ分裂だ」と厳しいことを言われます。マタイ福音書には「剣《つるぎ》をもたらすために来たのだ」と書いてあります。不思議なことですね。イザヤ書十一章にはメシアが平和の王として登場します。「わたしの聖なる山においては、何ものも害を加えず、滅ぼすこともない」(11・9)。平和をもたらすイエスによって、すべてのものが和解させられるのです。コロサイの信徒への手紙にも、「その十字架の血によって平和を打ち立て、地にあるものであれ、天にあるものであれ、万物をただ御子によって和解させられました」(1・20)と書いてありますね。十字架の縦の棒、それは人間と神との関係です。十字架の横の棒は人と人との関係です。その間に平和と一致をもたらすためにキリストは来られました。

でも、今日の福音の「平和ではなく、分裂をもたらすために来た」という言葉は、何を意味するのでしょうか。イエスにコミットすることがどういうことなのかを考えさせられます。それは、決してやさしいことではなく、厳しいことだと訴えたいのだと思います。私たちは時々、平和というものを甘く考えます。ただ喧嘩しないことを平和があると言っているのですが、イエスの平和は、ヘブライ語のシャロームにあたります。シャロームというのは積極的な絆を表します。確かに考えて見ると、静かな状態であっても、むしろ冷たい戦争であるかも知れません。主人が家に帰っても夫婦の間に会話がなければ、この家庭は平和だとは言えないでしょう。修道院でも、たとえ同じ屋根の下に生活していても、コミュニケーションがなければ、お互いの関係は冷たいですね。真の平和は一致、理解、絆、赦し合いの気持ちがあるときに初めて実現するのだと思います。

イエスが言いたいのは、アシジのフランシスコの祈りのように、「積極的な心を持ちなさい」ということだと思います。悲しみのあるところに喜びを、疑いのあるところに信仰をもたらし、理解されることよりも理解すること、愛されることより自らすすんで積極的に愛すること。それによって真の喜びがあるのです。

中近東で多くのクーデターがありますが、軍の力で国民を抑えているのです。そのような状態は平和ではありません。外面的な静けさは、正義と秩序に基づかなければいつ爆発するか分からないのです。

第二バチカン公会議で出された「現代世界憲章」の七十七番から九十番までは平和のテーマを扱っています。軍拡競争は国を平和に導くことはなく、核兵器も平和をもたらしません。人々の間の信頼、協力、愛、秩序があって初めて平和が実現するのです。また私たちは、私たちの子孫のために平和か戦争か、どちらの状態を準備しています。戦争は急に始まるのではなく、いろいろなことが重なりに重なって、最終的に平和が破れて戦争が始まるのです。将来、私たちの子孫に平和な世界を残そうと思うなら、私たちは今こそ協力的な世界をつくるべきです。

父なる神はすべての人々のために、この素晴らしい大自然をつくりました。私たちは神の子どもとして、すべての人々が平和に生きられるように、みんなで積極的に一致していきましょう。これこそシャロームです。イエスは平和を実現する人たちは幸いだと教えてくださいました。

年間第二十一主日

ルカ十三・二十二―三十
第一朗読　イザヤ六十六・十八―二十一
第二朗読　ヘブライ十二・五―七、十一―十三

「主よ、救われる者は少ないのでしょうか」という問いは、現代の私たちも気になることでしょう。

今日のこのみ言葉の背景として、当時のユダヤ人は、律法で決まっていることを行いさえすれば、自分たちは救われると思っていたということがあります。決められた祈り、決められた施し、決められた断食をして、安息日を守れば天国に入る資格があると信じていました。彼らは神を自動販売機のように考えていたのかもしれません。百二十円を入れるとコーラをもらう資格があるように、掟を守りさえすれば救われる資格があるのだと思っていました。イエスの今日の話は、そのような考えを持っていた人に対してなさったのだと思います。

救われるかどうかということについて、私たちはそんなに不安を持つことはないのです。私

たちは神に信頼していいのです。確かに、私たちが努力をし、神に協力する必要があります。でも最終的に救われるのは恵みによるのです。神を信頼して、いつも絶えず謙遜、祈りの心をもって確信してほしいのです。私たちは必ず救われると。

神につかまれて、私たちは逃げたくても逃げられないのです。神の愛は私たちから離れません。神はご自分の独り子を与えるほど私たちを愛し、真剣に私たちの救いを望んでおられます。神が独り子を与えてくださったのは私たちを裁くためではなく、救うためです。ですから、必ずここにいる私たちは救われます。この神の恵みに対して信頼を持ちましょう。

小さい赤ちゃんは、お母さんから捨てられないという確信を持っています。赤ちゃんは自分で歩くこともできない。何もできない。すべてをお母さんに委ねています。私たちも神に対してそのような心を持つべきだと思いますね。

ユダヤ人たちは、律法を守っている自分たちだけが救われると思っていたのでしょう。でもイエスは、「人々は東から西から、また南から北から来て、神の国で宴会の席に着く」と言われました。つまり異邦人たちも救われるということですね。ユダヤ人から軽蔑されていたサマリア人や罪の女は、イエスから特別に愛されたのではないですか。イエスは自分の正しさに自惚れていたファリサイ派の人々には、厳しかったのです。

イエスは二人の犯罪人と一緒に十字架につけられました。そこで犯罪人の一人は、「お前はメシアではないか。自分自身と我々を救ってみろ」とののしります。でも、もう一人の方は「お前は神をも恐れないのか」と言ってたしなめ、「イエスよ、あなたの御国においでになるときには、わたしを思い出してください」と願いました。この心が大切でしょう。イエスは「あなたは今日わたしと一緒に楽園にいる」と約束してくださいました（ルカ23・39―43）。救いは恵みですよ。自分が正しい者だから、自分の力で救われるということではないのです。

神はすべての人を救うことができます。たとえキリストを知らなくても、謙遜と信頼をもって良心的な生活をするなら、救われるのだと思います。これについて第二バチカン公会議ははっきりと明言しました。教会憲章には「救い」が、カトリックに属する人だけのものではなく、すべての人にとってのものであると書いてあります。キリストはすべての人のために死んでくださったのです。救われるということは、やはり神のみ業でしょう。私たちの先祖にもキリストを知らずに亡くなった人々がいます。信頼をもって先立った人々のために私たちが祈りをささげることは、とても大きな力があります。

私たちは毎日いろいろなことを心配します。家庭のこと、健康のことなど、心配事は尽きないのですね。でも一番大事なのは永遠の命です。数年や数十年のことではなく、永遠のことですから、神が神であるかぎり、真剣に考えてくださるのです。神への信頼をもって、私たちはできるだけこの救いのメッセージを人々に伝えましょう。

年間第二十二主日

ルカ十四・一、七―十四

第一朗読　シラ三・十七―十八、二十、二十八―二十九

第二朗読　ヘブライ十二・十八―十九、二十二―二十四a

「婚宴に招かれたら、上席に着いてはならない。身分の高い人が招かれていて、招いた人が来て『この方に席を譲ってください』と言うかもしれない。あなたは恥をかいて末席につくことになる」。このたとえ話を現代社会に当てはめて考えてみましょう。

私たちはよく背伸びします。背伸びするときは、自分の能力よりも偉くなりたいのです。エネルギーはいくらでもあります。ある人は野心家で、「あの会社の社長になりたい」という望みを持っているとしましょう。その会社に入るやいなや、休みもなく一生懸命に働いて、出世するために家庭を犠牲にして、競争して同僚の足を引っ張って、とうとうその人は皆に嫌われてしまうのです。しかも、そんなに無理をしても、実力がないので社長にはなれないでしょう。

また父親、母親も子どもに背伸びをさせることが多いと思います。息子や娘が生まれたばか

りの時から、「どうしてもあの有名幼稚園に入れたい」と大きな夢を持ちます。もう少し大きくなると、国立の一流大学に入るように一生懸命に塾に通わせたりします。もし合格するために必要な能力がない場合、その子は本当に苦しむでしょう。子どもらしい生活ができないだけでなく、将来大きくなっても心の中に大きな傷が残ります。そのような親は、無意識で息子や娘を通して自分の名誉を求めているかもしれません。

配偶者に対して期待し過ぎることもあります。相手はそこまでしかできないのです。能力も時間もないのです。にもかかわらず、次から次へと、いろいろなことを求め過ぎるのです。結局、夫婦の関係は悪くなります。

背伸びしないこと、上席を求めないことが大事です。自分の席はどこにあるでしょうか。そこに落ち着いて座りましょう。今日のたとえ話は深い意味があります。

だからといって、私たちが理想を持ってはいけないわけではありません。ぜひ、理想を持ってほしい。夢も持ってほしい。大人も子どもも、夢や理想があるのは素晴らしいことです。けれども、無理な背伸びはしないでください。

今日、イエスが教えてくださいました。「高ぶる者は低くされ、へりくだる者は高められる」。それをイエスは実際に体験されました。イエスは神の独り子です。世界で一番高貴な所にお生まれになるはずでした。これは当然です。にもかかわらず、イエスはベツレヘムの貧しい馬小屋でお生まれになりました。神はイエスに一番末席をお与えになったのです。それから、神は復活したキリストをご自分の右の座につかせ、高められました。

年間第二十三主日

ルカ十四・二十五―三十三
第一朗読　知恵九・十三―十八
第二朗読　フィレモン九b―十、十二―十七

愛には二つの愛があります。一つは「自然的な愛」、たとえば親子、兄弟の愛、夫婦の愛などです。

そして、もう一つは「超自然的な愛」です。自然を超える愛とは、一体どのような愛でしょうか。それは、たとえば神を愛することです。私たちは、どうすれば目で見えない神を愛することができるでしょうか。

今日、イエスは自然的な愛、皆さんが持っているこの愛と、超自然的な愛について話してくださいます。自然的な愛は良いものです。神もそれを祝福します。「親を敬え」という掟もあります。しかし、イエスは今日、どちらかを選ばなければならない状況に置かれたとき、自然的な愛より超自然的な愛を選びなさい、と教えてくださいます。それは、自然的な愛が神のみ

旨と合わないなら、それを手放すことです。

これは難しいことですから、ひとつの身近な実例を言わせていただきましょう。私は父の涙を生涯ただ一度しか見ませんでした。その時父が泣いたのは、私が修道院に入るのを決めたからです。でも、父も母も、修道院に入る決断をした私を祝福してくれました。父と母は自然的な愛を持ちながら、なおもう一歩進んで、神のみ旨を選んだのです。

福音の中で「(父、母を) 憎まないなら」と書いてありますが、これはヘブライ語の直訳で、「(父、母よりも) 私を愛さないなら」という表現が本来の意味です。「父、母、妻、子供、兄弟、姉妹を、さらに自分の命であろうとも」、そのすべてのものより、神のみ旨を大切にするという覚悟をしなさい、ということです。

修道者になってから、ある日母に言われました。「ほかの三人の兄弟より、あなたが一番私たちを愛している」。確かに私も、両親に対して自然的な愛を持っていました。でも、私は自然的な愛よりも超自然的な愛を選び、神の呼びかけに応えて修道院に入りました。

修道院に入ってから何年か経って、私は日本に派遣されることになりました。あの頃の宣教師たちは、一度日本に来れば二度とスペインに帰ることはできなかったのです。両親はもう一生私に会えないと思ったでしょう。にもかかわらず、両親は私を愛しながらも、「日本に行ってたくさんの方々にキリストの道を教えなさい」と日本に送ってくれました。自然的な愛である、私に対する親の心は全然変わることはなかったのですが、両親はそれ以上に大事な神の思し召しを選んだのです。

このような心を持つことは、私たちの力だけではできません。そのために私たちは祈ります。殉教者たちが自分の命を捨てたとき、自分の命を愛さなかったわけではありません。彼らは自然的な愛着を持っていながら、でもそれ以上に神を大切にしたので、殉教を選んだのです。今日このミサの間、このイエスの言葉を心の中で味わいながら、私たちにその覚悟が与えられるように祈りましょう。

「主よ、どうか私たちが自然的な愛を超える新しい愛、もっと深い愛を持つことができますように」。

私たちに神の思し召しを果たす力が与えられるように祈りたいと思います。

年間第二十四主日

ルカ十五・一―三十二
第一朗読　出エジプト三十二・七―十一、十三―十四
第二朗読　一テモテ一・十二―十七

今日の三つのたとえ話は私たちにいろいろなことを教えてくれます。このたとえ話について私が黙想したことを、ここで簡単に分かち合わせていただきます。

このたとえ話を読むと、すぐ疑問が生じます。見失った羊が大切にされ、羊飼いの背中に担《かつ》がれたのに、ほかの九十九匹はその喜びを味わわなかった。なぜでしょうかと。「悔い改める一人の罪人については、悔い改める必要のない九十九人の正しい人についてよりも大きな喜びが天にある」と書いてあります。放蕩息子のたとえ話では、父親はお兄さんには子山羊一匹すらくれませんでしたが、放蕩した弟のために子牛を屠《ほふ》り、食べて祝ったのです。

神は罪を賞賛するのでしょうか。このたとえ話を読むと、まるで罪を犯す方が良いのではないかというように感じるかもしれません。でも、このたとえ話の本当の意味は、もちろんそう

ではないのです。罪は悪いことです。では、何を教えたいのでしょうか。

それは、たとえ罪を犯しても、自分が本当に神の御前で何の資格もない罪人であると心から悔い改めるとき、神は喜ばれるということです。へりくだって信頼するその心を、キリストは賞賛してくださると思います。

放蕩息子が父のところに帰ったとき、「お父さん、わたしは天に対しても、またお父さんに対しても罪を犯しました。もう息子と呼ばれる資格はありません」と言いました。本当に謙遜でした。その心が神の御前で素晴らしいことです。私たちは人間です。被造物です。神は絶対者です。神の御前にこのようなへりくだりの心を持つということは人間にとって、また神にとって正しい心の持ち方です。これを忘れないでください。

イエスはこの話を、ファリサイ派の人々や、一緒に食事をしている罪人たちの前で話されました。ファリサイ派の人々は「私たちは律法を守っているので、神の恵みを受ける権利を持っている」という傲り高ぶった心を持っていました。しかし罪人たちは自分の罪を認め、神に頭を下げていたのです。そこでイエスはそれが神の御前で正しい心の持ち方だということを教えています。

罪を犯したことを悔い改めて、本当に自分が弱いものだというへりくだりの心を持つ人は幸いです。神は罪を賞賛しません。でも罪を介してへりくだって回心する人の心、謙遜な人の心を褒めています。

第二朗読で、パウロは手紙に「わたしは、その罪人の中で最たる者です」と書いています。また、コリント人への手紙の中で「キリストの力がわたしの内に宿るように、むしろ大いに喜んで自分の弱さを誇りましょう。なぜなら、わたしは弱いときにこそ強いからです」（2コリント12・9，10）とパウロは書きました。弱いときにこそ、神が自分のすべてを支配し、強めてくださるのです。親鸞の教えの中にも同じような言葉があります。「善人ですら救われるのだ、まして悪人が救われぬわけはない」。

罪を賞賛するのではなく、その罪を介して悔い改め、神に立ち帰った罪人の心をイエスは褒めてくださいます。ペトロは罪を介して、自分がどうしようもない罪人であり、神の救いが必要だということを自覚しました。ペトロのその心は本当の人間の心であるはずです。

私たちは罪を犯したとき、失望してはいけません。私たちの罪より神の愛の方がはるかに大きいのです。その時こそ神に立ち帰って、神の無限な愛とみ心に飛び込んでいきましょう。その時、初めて私たちは本当の意味で神の子となります。このミサの間、迷った羊の気持ちを味わいたいと思います。迷った羊は、荒野で狼に襲われたかもしれません。きっといろいろな怖い思いをしたでしょう。あるいは茨で怪我をしたかもしれません。でも今、羊飼いに背負われているのです。羊は感謝と喜びでいっぱいだったでしょう。放蕩息子は、お父さんが息子として自分を受け入れるはずがないと思っていました。「雇い人の一人にしてください」と頼もうとしました。にもかかわらず、お父さんは彼に一番良い服を着せ、指輪を与え、ご馳走を食べさせたのです。

神から与えられたものは全部恵みです。ありがたいものです。私たちは「自分は弱いのです。私は迷った羊です。私は放蕩息子です」と神の御前で認め、神に立ち帰って気持ちを新たにしましょう。お父さんである神は素晴らしい方です。その神の温かい愛を味わいたいと思います。

年間第二十五主日

ルカ十六・一―十三
第一朗読　アモス八・四―七
第二朗読　一テモテ二・一―八

今日のたとえ話は難しいです。今日のたとえ話は何を教えているのでしょうか。私の考えでは、ここでイエスは二つの世界を描いておられます。一つは目で見える世界、つまり毎日の生活の世界です。たとえば、毎月手取り三十万円もらうとします。子どもが二人いるから、食事のために十万円、家のローンが十万円、そして子どもの塾代が一万円、などと、とにかく私たちは現世のことなら、とても賢明に計算します。

けれども、イエスはほかの世界があることを教えてくださいました。福音の世界、心の世界、神の世界、愛の世界があります。光の世界があります。その世界はいったいどんなものですか。私たちは皆それぞれ現世的な人間であると同時に、神の子どもとして考えなければならないのです。中東の難民、アフリカで飢えている人々、みんな同じ神の子どもたちです。神はその人々も大事にしておられます。私たちは多くのものを持っていますが、それは自分のものではありません。私たちは管理人に過ぎないので、いろいろなものを預かっているわけです。タレントや時間やお金など、いろいろありますが、私たちはそれを勝手にわがままに使うことができません。いつか神はそれについて私たちに尋ねるでしょう。預けたそのタレントをどのように活かしましたかと。

心の世界というのは、現世のほかに永遠の世界があるということです。私たちが現世に一生懸命生きるということは、家族の面倒を一生懸命見ることも大切ですが、永遠の世界でどう生きたかということも問われます。いつか神は必ず、私たちに預けたタレントをどのように活かしたかを尋ねるでしょう。家庭のためだけでなく、ほかの人々のためにも活かさなければならない、ということをイエスは教えておられます。

この日本を考えてみましょう。終戦後は本当に何もなかったのですが、その時いろいろな国々のたくさんの兄弟たちが恵んでくださいました。この教会に入ると門の右側に一つの板が掲げてあります。それには、この教会を建てるためにお金をくださったアメリカの人々の名前が書いてあります。その頃私たちはお金がなかったので、アメリカの兄弟たちは寛大な心でお金を送ってくださいました。そして、日本人は一生懸命働いてこの大国を作りました。経済的にも、平和の面でも、日本は素晴らしい国です。感謝をもって認めざるを得ないです。私たちは今、多くの恵みに与っています。私たちに与えられた課題は、それをどのようにほかの国々のために活かしていくかということです。この問題については、そこに座っていらっしゃるあなたがたの責任です。第二バチカン公会議はこれをはっきりと示しました。この世界と社会を福音化させるのはあなたがたですよ。毎日新聞を読むとき、自分と関係がないという気持ちで読んではいけません。いつか、神はそれについて私たちに尋ねるでしょう。この日本の社会を福音化させるのは、あなたがたです。あなたがたの生活は、本当に深い意義と意味があるのです。今、日本人は良い心を持っています。先頭に立っていろいろなことを教えてくれる人を待っています。あなたのリーダーシップを待っているのです。

キリスト教は教会に来て、ただ神を礼拝するだけの宗教ではないのです。すべての人々は神の子どもです。私たちの兄弟のために、今持っているものをどのように活かしたらよいかを考えましょう。自分の家庭を大事にするのも大切ですが、それだけで終わってはいけません。ほかの人々に対しても責任があります。今、私たちが持っているすべてを福音的に活かしましょう。

年間第二十六主日

ルカ十六・十九―三十一
第一朗読　アモス六・一a、四―七
第二朗読　一テモテ六・十一―十六

聖書を読むたびに、私はいつも新しいことを見つけます。そして、そのたびに、必ず何か私の心に訴えてくることがあります。

今日、このラザロのたとえ話を読んで、私の罪に対する考えとイエスの罪に対する考えとは、必ずしも一致しないと気がついたのです。私が考える罪は、相手に積極的な害を与えることです。たとえば人の命を取ること、人の物を盗むこと、あるいは嘘をつくことなど、すぐ私の頭に浮かんでくるのは相手に害を与える罪です。これは、もちろん罪です。でも福音には、姦通の罪や人を殺した罪はあまり書いてないのですね。驚きます。けれども、その代わりに無関心の罪について、何度もイエスは仰せになりました。「私が飢えていたときに食べさせてくれなかった。渇いていたときに飲ませてくれなかった、病気のときに見舞ってくれなかった」。厳しいですね。イエスにとって無関心は大きな罪なのです。

今日のたとえ話にも、あの金持ちがラザロの物を盗んだり、いじめたりしたなどとは書いてありませんね。結局、その金持ちの罪はたった一つ。その貧しい人に自分の物を分かち合わず、知らぬふりして無関心だったことです。無関心の罪はどれほど重いことでしょうか。

このことを考えながら、マザー・テレサの言葉が頭に浮かんで来ました。コルカタで長年生活していたので、マザー・テレサは貧しい人のことをよくご存知です。マザー・テレサはこう言うのです。「貧しい人の一番悲惨なことは食べ物がないということより、必要とされていないことです。愛の反対は憎しみではなく、無関心です。人間にとって一番寂しいのは、自分がいてもいなくてもよいと感じることです」。

マザー・テレサの活動は、道端で倒れている人の命を救うために始めたのではありません。最期を迎える人に慰めを与え、自分が愛されていることを味わってもらうためです。その温かい愛を与えるために、マザー・テレサはコルカタで素晴らしい活動を始めました。命を救うこともありますが、マザー・テレサが「死を待つ人々の家」をつくった目的は、温かい愛をもって最期を看取ることでした。それによって、多くの人たちの心は救われました。

日本には、金銭的に貧しい人もいますが、おそらくそれより、「心の貧しさ、寂しさ」が本当に多いです。今、わけがわからない病気にかかっている子どもたちがいます。私がよく知っている子は、学校に行こうと思って校門の前に行くと急に四十度の熱を出すそうです。精神的な不安と寂しさを抱えています。イエスは現代人に話していらっしゃるようですね。現代社会の罪は無関心です。

二、三日前にある神父が次のような話をしました。彼がある田舎の教会に行ってミサをささげた時のことです。田舎なので、十数人しかミサに与らないのですが、村人は彼にこう言ったそうです。「私は、東京の大きい教会に行くことがとても楽しみです。何百人もの人々が教会に出入りする姿を見ると、自分が一人ではないと感じてとても嬉しいのです。けれども、誰も挨拶してくれないから時々寂しいです」と。

今この教会で、このような寂しさを感じていらっしゃる人は少なくないと思います。兄弟たちと関わり、世話をして、人々を迎えるように心がけましょう。もしミサに与るとき、教会のすべての人々が広場の前で挨拶をしたり、声をかけたりするなら、いかに皆が慰められるでしょうか。温かく兄弟たちを迎えるのは、本当に素晴らしいことです。

できるだけ毎日曜日、ミサに与るたびに新しい友だちに声をかけて、自然に輪を広げていきましょう。

年間第二十七主日

ルカ十七・五―十

第一朗読　ハバクク一・二―三、二・二―四
第二朗読　二テモテ一・六―八、十三―十四

「自分に命じられたことをみな果たしたら、『わたしどもは取るに足らない僕《しもべ》です。しなければならないことをしただけです』と言いなさい」とイエスは言われました。

三つの世界があります。その一つは「ギブアンドテイク」、つまり権利と義務の世界です。自分がしたことに対して同じ価値のお返しをしてもらおうと期待することです。今日の第一朗読のように、時々私たちは神に対してもそのような心を持ちます。ハバククは、「主よ、わたしが助けを求めているのに、いつまで、あなたは聞いてくださらないのか」と文句を言いました。この気持ちはファリサイ派の人たちが持っていたのではないでしょうか。彼らは神を操ろうとしていたと言えるでしょう。「これだけの断食をしました。これだけの施しをしました。これだけの祈りをしました。だから神はそれに答える義務がある」と期待していたのです。

二つ目は「感謝」の世界です。家の中で、教会の中で、「ありがとう、お世話になりました」と感謝することで、生活はうまく流れていきます。感謝の心を養うために時々いただいた恵みを思い起こし、味わうべきです。たとえば、生かされている恵み、あるいは健康の恵み、毎日食事がある、温かい家庭や仕事がある、大自然の美しさ、星空の素晴らしさ、水、空気などたくさんの恵みがあります。慣れっこにならないように、度々いただいた恵みを一つずつ味わって、神に感謝と賛美をささげましょう。東日本の被災地や、あるいはインド、フィリピン、アフリカに行くと、当たり前と思われてきたことが、大きい恵みだと気づきます。「ありがとう」と自然に感謝の気持ちが湧いてきます。

スペイン語で「ありがとう」は　グラシアスと言います。グラシアの意味は「恵み」です。「あなたからいただいた御恩に、自分は十分にお返しすることができないから、神が代わりに恵みを与えてくださるように」と願うのです。感謝をする人は神に出会うことができます。

三つ目は、「ギブアンドテイク」ではなく、「ギブアンドギブ」の世界です。ただで尽くす心を養うためにどうすればよいでしょうか。一番いい方法は、自分がいただいている恵みをよく味わうことです。自然に「ギブアンドギブ」の心が養われます。

「ギブアンドギブ」は、親の心です。娘の結婚式の前日の夕食は、最後の晩餐のようです。

ある親子の最後の夕食の時のことです。食事が終わると父が娘に言いました。「お父さんはお前を育てるために長い間尽くしてきた。その代わりに頼みたいことがある」。娘は訊きました。「お父さん何ですか。何でもやりますから教えてください」。父は「一つだけ頼みがある」と言うと、続けてこう言いました。「幸せになりなさい。幸せな生活を送ることのほかは、何もする必要はない。幸せな人生を送りなさい」。

今日、この福音を味わった私たちは、感謝の心を持ちながら、無条件で人のために喜んで尽くしましょう。叙階されるとき、司祭になる人は御絵の裏に自分の目標とする御言葉を書きます。私が選んだのは、詩篇百篇の御言葉です。「喜びをもって主に仕えよ、喜びをもって人々に仕えよ」。あれから、すでに何十年も経ちましたが、今でもその気持ちを持ちたいと思っています。最後まで喜びをもって、人々のため、イエスのため、神のために尽くす道を歩むことができたら何より嬉しいことです。

年間第二十八主日

ルカ十七・十一―十九

第一朗読　列王記下五・十四―十七

第二朗読　二テモテ二・八―十三

今日はわかりやすい話をします。皆さまの手もとに「聖書と典礼」がありますね。この表紙の絵を見ながら話しましょう。上の右側に重い皮膚病を患っている十人の人がいます。体にはブツブツがあるのですね。また服も貧しいものです。この人々はまず精神的にも、また肉体的にも患っていました。彼らの病気は神からの罰として当時の人々は考えていたからです。とても苦しんでいました。でもその苦しみは、彼らを一つにしました。普通ならユダヤ人とサマリア人とは一緒にいません。けれども同じ苦しみを耐え忍んでいたので、このような社会的な差別を乗り越えて一致していました。彼らは町の中に入ることは許されませんでした。町の外の洞窟の中で一緒に生活していました。苦しみは私たちを一つにします。また、苦しみは私たちに、神を求める気持ちを与えるのです。この十人がもし病気でなければ、おそらくイエスのところまで行かなかったと思います。

苦しみは神への道です。今、世界の多くの国は大変苦しんでいます。その国々で、キリスト者は本当にしっかりしていますね。また、司祭職を求める人はどんどん増えています。苦しみは、神への近道です。この十人は苦しみによってキリストに出会いました。同じ絵の上の左側にイエスは右の手で祝福しながら、左の手で鍵を持っています。これはイエスの力を表しているのでしょうか。奇跡を行うキリストです。

続いて同じ絵の下のところをご覧になってください。また右から見てみましょう。この十人はもう癒されました。下の絵を見ると、きれいな体になって、服も立派になっています。癒されました。救われました。でも、苦しみの中でイエスに向かっていった彼らでしたが、癒された彼らはイエスにそっぽを向いているのです。寂しいですね。多くの人は恵まれているからこそ、神から離れてしまうのではないかと思います。もちろん恵まれている時にも、多くの人は、前に座ってひざまずいている人のようにイエスの近くにいます。感謝を通して神に出会う人もいます。恵みは、豊かさは、ある人にとっては神から引き離し、またほかの人にとっては神に導くのです。私たちはどちらの方でしょうか。

下の真ん中にひれ伏しているサマリア人がいます。イエスはそのサマリア人に言いました。

「あなたの信仰があなたを救った」。この人は体と心で二回癒されました。感謝によって心が清められ、神の子どもとなりました。

私たちも感謝を表す人になりましょう。このミサの間、もっと深い感謝を表すことができるように神の力を願いましょう。朝から晩まで働いている主人に対する奥さんの感謝の心は、おいしい食事を準備することでしょう。このような小さなことで感謝の心を表すことができますね。神に対しても同じです。神はいろいろな恵みを与えてくださいます。今日も、数日前のお休みの日も良いお天気でした。きっと多くの方が「良いお天気に恵まれますように」と祈ったのでしょうね。その晩寝るとき、神に「今日良い天気を与えてくださってありがとう」と感謝した人は何人いるでしょうか。私たちは深いことが求められています。感謝する心を持ちましょう。感謝する人は、今日のサマリア人のように豊かな恵みに満たされます。

年間第二十九主日

ルカ十八・一―八

第一朗読　出エジプト十七・八―十三

第二朗読　二テモテ三・十四～四・二

「絶えず祈りなさい」。

「絶えず」ということは「常に」ですね。絶えず祈るということが祈り以外に何もしないということだとすれば、どうなりますか。食事もしない、仕事もしない、寝ることも良くないのでしょうか。社会人として、家庭人として生活ができません。パウロは何を教えたいのでしょうか。すべてを怠って祈りだけをしなさいということでしょうか。そうではないのです。

「絶えず祈りなさい」。これをほかの角度から見ると、すべてを祈りに変えなさいということです。その時初めて、絶えず祈ることができるのです。仕事も祈りに変えることができます。あるいは寝ているときもそれも祈りに変えることができれば素晴らしいことです。これは観想修道会の精神です。「祈祷の使徒」の精神も同じです。今、世界で多くの人がこのような生活をしています。これはどのようなことでしょうか。

毎朝、一日を始める前に「神さま、今日のすべての言葉と行い、喜びも苦しみもすべてあなたにささげます」と祈りましょう。あるいは日曜日のミサのとき、すべてを神にささげたなら、行いのすべてが祈っていることになるのです。

仕事をしているとき、常に神を考えるということは無理です。きちんと仕事ができるはずがないのですね。でもすべてを神にささげれば、特に神のことを考えなくても祈っていることになります。素晴らしいことですね。

簡単な例をあげましょう。たとえば私が東京に行くとします。切符を買うとき、ひかり三百六十号広島発東京行と行先を決めるでしょう。でも新幹線の中で、ずっと東京へ、東京へ、東京へと考えているわけではありません。窓の外の景色を見ながら、本を読んだり、隣の人と話したりしているでしょう。もちろん車掌が切符の確認に来れば、東京に行くということを、もう一度意識します。

私たちはまず日曜日のミサのときに、今週のすべてを神にささげましょう。また毎朝、「神さま、今日のすべてをあなたにささげます」と祈りましょう。その心があればいいのです。一日中神のことを考えることは無理です。きちんと仕事をしようと思ったらできません。しかしすべては祈りに変わってくるのです。もちろん、友だちが病気であると聞けば神に祈ります。その時、もう一度意識的に神のことを考えますね。車掌が来た時のように。あるいは美しい何かを見た時にも神を思い出します。今朝、空はとてもきれいでした。昨日は雨でしたが、今朝は星がいっぱいでした。とてもきれいでした。それを見て「神さま、ありがとう」と感謝します。あるいは自分が失敗したときに「神さま、赦してください」と赦しを願います。時々神のことを思い出しますが、一日中神のことをずっと考えていることではありません。大事なことは、毎日曜日のミサで、また毎朝祈るときに、すべてを神にささげることです。

今日は世界宣教の日です。今、世界でカトリック信者は十二億人いますが、皆同じ心をもってイエスの素晴らしさ、神の尊さをすべての人が知ることができるように祈っています。今日の第二朗読は厳しかったですね。折が良くても悪くても、絶えず神のことを皆さんと分かち合うことが大切です。私たちは今日祈りについて話しましたが、行いも必要です。ヨシュアは戦っていました。モーセは祈っていました。祈りと活動は両方とも必要です。私たちはこのような心をもって、本当に素晴らしい神をすべての兄弟たちが知るように祈りましょう。

年間第三十主日

ルカ十八・九―十四

第一朗読　シラ三十五・十五b―十七、二十―二十二a

第二朗読　二テモテ四・六―八、十六―十八

今日の福音のファリサイ派の人は、週に二度断食しました。また、全収入の十分の一を献げ、本当に立派でした。けれども彼はうぬぼれていました。確かに立派なことをしたのですが、この人は神に向かって「私は自分の力でこんなに立派なことをしました。私に見返りを与えてください」という気持ちを持っていました。そのうぬぼれの心は、ほかの人を軽蔑するという態度で現れました。「神様、わたしはこの徴税人のような者でないことを感謝します」と言い、そこで祈っていた小さな人を軽蔑しました。このファリサイ派の人は確かに良いことをしたのですが、根本的な心の持ち方はとても悪かったのです。ファリサイ派の人と違い、徴税人は謙遜に祈ったので義とされました。

第二朗読でパウロは「わたしは戦いを立派に戦い抜き、信仰を守り抜きました。今や、義の

栄冠を受けるばかりです」と書きました。ファリサイ派の人と同じように、一見うぬぼれているかのように見えます。しかし、根本的に違いがあります。ファリサイ派の人は、全部自分の力でできると思っていますが、パウロはそうではないのです。主はわたしのそばにいて助けてくださいました。主はわたしをすべての悪い業から助け出し、天にある御自分の国へ救い入れてくださいます。主に栄光が世々限りなくありますように」と書いてあります。これは皆さんもよくお分かりになると思います。

二人共、立派な業を行いましたが、ファリサイ派の人は自分の力だと思っていたので、その業は神の御前で虚しいものでした。パウロは「全部神の恵みです」という心を持っていたので、パウロの行いには素晴らしい実りがあります。

私たちの行いは、ゼロを書くことです。たくさんの良いことをすればするほど、たくさんのゼロを書きます。それから神の恵みを認めることは、ゼロの前に一を書くのです。このファリサイ派の人は断食や施しなど、たくさんのゼロを書きましたが、謙遜がありませんでした。全部神の恵みであるということを認めなかったので、たくさんのゼロがあっても結果はゼロです。

パウロは信仰を守り抜き、たくさんのゼロを書いて、「すべて、神の恵みです」と心から認めたので、そのゼロの前に一を書きました。従って、パウロの行いは神の御前で素晴らしい実りがあります。

第一朗読に、「謙虚な人の祈りは雲を突き抜けていく」と書いてあります。福音の徴税人も謙虚でした。へりくだっていたので義とされました。私たちは一生懸命いろいろな働きをしています。それを認めてください。あなたが、会社のために、社会のために立派な貢献をしたことを認めてください。あなたは母親として立派に子どもを育てました。それをありのままに認めてください。けれども、すべて神のおかげです。そして周りの人々の協力によってできました。人間は弱いものです。一人では何もできないのです。

今私はここにいますが、今晩生きるか死ぬか、私たちにはそれさえもわかりません。すべては恵みです。この心を持っていたのはマリアです。マリアの賛歌にあります。「今から後、いつの世の人もわたしを幸いな人と言うでしょう」。でもすべては「神が身分の低いこのはしためにも目を留めてくださったから」です。すべては恵みです。その心があれば、自分に立派なものがあればあるほど、マリアのように深い感謝を表すことができます。

今日の聖書の三つの朗読は、キリスト者としての根本的な態度を教えてくださいます。自分の良いところも弱さも認め、ありのまま。すべて神の恵みです。神に感謝。周りの人々に感謝。

年間第三十一主日

ルカ十九・一―十

第一朗読　知恵十一・二十二～十二・二

第二朗読　二テサロニケ一・十一～二・二

昔の人々は神を恐ろしい方だと考えていたのですが、神は自分の本当の姿を紹介するために御独り子を送ってくださいました。イエス・キリストは御父の窓です。イエスを知ることによって、父である神の心を知ることができます。イエスは本当に憐れみ深い方でした。貧しい人や苦しむ人を憐れみ、「幸いなるかな、貧しい人。泣いている人、飢えている人々、あなたがたは幸いである」と彼らを慰めました。

また、イエスは病気で苦しんでいる人々を癒してくださいました。たくさんの罪人を赦しました。イエスの生涯を一つの言葉でまとめるなら、それは「憐れみ」でしょう。ラテン語で「憐れみ」は、ミゼリコルディアです。ミゼリは弱い人、罪人、コルディアは心から愛するという意味です。神はすべての人を愛してくださいます。今日の第一朗読で、「あなたは存在するものすべてを愛し、お造りになったものを何一つ嫌われない。命を愛される主よ、あなたはすべてをいとおしまれる」ときれいに書いてあります。けれども神が特別に愛するのは、やはり弱い人、罪人です。九十九人の義人より、一人の罪人が回心して天国に入ると天に喜びがあるとイエスは言われました。ミゼリコルディア、神は弱い人を愛しておられます。金銭的に、精神的に、肉体的に弱い者はキリストの目と心を引き寄せるのです。

今日の福音はそのことを教えてくださいます。ザアカイは確かに金持ちでしたが、寂しい人でした。彼は徴税人として人々からお金を取り立てていました。ローマ人と協力していたので、ユダヤ人に嫌われていました。その寂しいザアカイに対してイエスがとった態度は、憐れみ深いものでした。ザアカイが登っている木の下をお通りになったとき、イエスは目を上げて「ザアカイ」と名前を呼びました。驚いたでしょうね。木から落ちそうになったかもしれません。イエスの温かさを感じられたことでしょう。「今日はぜひあなたの家に泊まりたい」という言葉を聞いたザアカイは、どれほど喜んだでしょうか。イエスはザアカイの家に泊まることによって、ファリサイ派の人たちに嫌われることがわかっていたのです。にもかかわらず、イエスは罪人の味方になって彼の家に泊まりました。ザアカイは初めて人から認められたのです。憐れみの温かさを味わう人は、生かされてくるのですね。ザアカイは感激して「主よ、わたしの財産の半分を貧しい人々に施します。また、だれかから何かだまし取っていたら、それを四倍にして返します」と言いました。ザアカイはイエスの愛によって生かされました。彼は同時に自分の愛を周りの人々に分かち合うことができました。

イエスに赦され、認められたと感じたとき、私たちの心は広くなります。周りのたくさんの人々は悩んでいます。神から湧き出たキリストを通って私たちまで流れてきたその愛を、周りの人々の上に注ぐことができますように。私たちにその勇気と力と恵みが与えられますように、このミサの間祈りたいと思います。

年間第三十二主日

ルカ二十・二十七―三十八
第一朗読　二マカバイ七・一―二、九―十四
第二朗読　二テサロニケ二・十六～三・五

先日ある友だちと話をしました。彼は小学校二年生のときお父さんを亡くしました。悲しみのあまり、本当に途方に暮れてしまい、それから誰に何を言われても、心が慰められることがなかったそうです。いつも野球をする相手であったお父さんが、どうして今いないのか。どうしても気持ちの整理がつきませんでした。

ある日、ある人が友だちにこのような話をしました。「地面を這っているイモムシを見なさい。イモムシはサナギになると死んだように見えます。でも、サナギから美しい蝶になるのではないのですか。そのイモムシは自由に空を飛べるようになります。美しく自由になった蝶を見てください」。この話を聞いた瞬間に、お父さんに対する気持ちは本当にすっきりしたそうです。「あれから時々空を見たり、星を見たりするたびに、きっと私のお父さんは今、蝶のよ

うにきれいになって、自由になって空を飛んでいるでしょうと思って慰められるのです。そんな時私は空を見ながら、どこかにお父さんの姿が見えるのではないかと探しています」とその方が話してくれました。

イエスはこの死の神秘を説明するために、自然から実例を取り上げて話をなさいました。イエスがおっしゃったように、小さな一粒の麦が地に落ちると芽が出て、たくさんの実がなるのです。また小さな種が土に入って死ぬことによって、見事な、美しい色の花が咲きます。本当に不思議なことです。その小さな固い種からとてもおいしい果物が実るわけです。自然は素晴らしいです。死ぬことによって美しい花が咲く。イモムシは蝶となる。

人間も死にます。でも、人間の心は永遠に神の命に与ります。今日の福音で「この人たちは、もはや死ぬことがない」とイエスは約束をなさいました。確かに考えてみると、この世の中の命は限りあるものです。だんだん年をとって視力は弱くなります。歯も抜け、耳もだんだん聞こえなくなってくる。そして体が弱ってきます。一歩一歩死に近寄っていきます。永遠の命はこの世の向こう側の命です。

今日の第一朗読に七人の兄弟の信仰が描かれています。素晴らしい確信をもって、「世界の王は、我々を永遠の新しい命へとよみがえらせてくださるのだ」と言いながら殉教していきました。

日本にも美しい実例があります。一六二〇年頃、イグナチオという男の子が長崎に住んでいました。お父さんはポルトガル人、お母さんイサベラは日本人で、二人ともきれいな信仰を持っていました。その頃、キリスト教の迫害の下、たくさんのキリシタンが殉教していたのです。イグナチオは四歳の時に役人に捕えられ、お母さんや宣教師たちと一緒に処刑されることになりました。イグナチオは役人に言われました。「信仰を捨てなさい」。四歳のイグナチオは、親から命を預かったと同時に、パライソ、天国があるという信仰も預かっていました。イグナチオは、役人に向かって自分の小さな手で襟を下ろして「ここを切ってください」と首を差し出しました。イグナチオは殉教者になりました。わずか四歳で。

現代は物質的な世界が幅を利かせています。いろいろな面で恵まれている私たちの心の視力は、弱くなってきました。来世のことを話すとき、自分と関係ないかのように考えるのです。非常に遠く離れた何かのように考えます。この十一月は死者の月に当たりますから、私たちは今日、まず先に逝った人々のために祈りましょう。彼らはすでに神と共に永遠に生きているのです。死んだ者の神ではなく、生きている者の神と共に生きています。私たちは近いうちにそこに行きます。十年、二十年会えなくても、永遠から比べたら何でもないのです。私たちはその方々と一緒に、永遠に神を賛美するために造られました。

今日、命の賛美の日です。信仰告白するときに、体の復活を堅く信じながら告白しましょう。この信仰の目が与えられるために神に祈りましょう。ご聖体こそ、永遠の命の保証となっています。この心をもってミサに与り、この十一月の間、永遠の命、パライソ、天国のことを考えましょう。

年間第三十三主日

ルカ二十一・五―十九
第一朗読　マラキ三・十九―二十a
第二朗読　二テサロニケ三・七―十二

核の問題や、地球温暖化、またオゾン層がなくなるという話を聞いたりすると、もう世の終わりが近づいていると思う方もいるかもしれません。

キリストの時代の人々も同じでした。それで彼らは「そのことはいつ起こるのですか」とイエスに尋ねました。それに対してイエスは答えます。「惑わされないように気をつけなさい。世の終わりはすぐには来ないからである」。教会の歴史を見ると、あと何年経ったら世の終わりがくるという予言が何回もありました。

イエスははっきりとおっしゃいました。「惑わされないように気をつけなさい」と。大切なのは、世の終わりがいつであるかということではなく、心を準備することです。それがいつであるかは、神のほかは誰も知りません。それについて「目を覚ましていなさい」、「用意していなさい」とイエスは言われました（マタイ24・42，44）。私たちのすべての注意、力を注いで今に生きるということを、イエスは教えてくださいます。

第二朗読のテサロニケの人々は、すぐに世の終わりが来ると思っていたので、働いていませんでした。働いても無駄だと考えていたのです。彼らにパウロは「仕事をしなさい。働きたくない者は、食べてはならない」と教えました。

世の終わりを迎えるために、私たちはどうすればよいでしょうか。パウロが言うように、一生懸命働くということです。働くことによって、私たちは創造主である神と協力します。この世の中のすべての富を活かします。この点で、日本人は本当によく協力しながら働いていると思います。でも、朝から晩までずっと働くということではないと思うのです。人間は機械ではありません。文化、レジャー、また自分の趣味を活かすためにも時間を作るべきでしょう。人間らしく生活を送るために、神の子として生きるために、ほかの人々のために時間を使うことも大切です。人間的な交わりによってたくさんの方々を活かすことができるのです。人間という漢字は「人の間」と書きます。人と人の交わりは必要です。

「よく働くが心配はしない」という態度が、世の終わりを迎えるために一番よい態度です。考えることも働くことも必要ですが、思い煩ってはならない。「今」に力を注ぐべきだと思います。

第一朗読の中に、「あなたたちには義の太陽が昇る。その翼にはいやす力がある」と書いてあります。きれいですね。太陽はすべてを照らします。陽射しはすべてを暖めます。神も同じです。神は翼を広げ、ご自分の温かさですべてを癒してくださいます。このような心で毎日生きることです。働くことです。神はすべてを照らしてくださるのです。私たちはその暖かい翼の下にいるのです。心配は要りません。

福音で「わたしの名のために王や総督の前に引っ張って行かれても、弁明の準備をするまいと心に決めなさい。どんな反対者でも、対抗も反論もできないような言葉と知恵を、わたしがあなたがたに授ける」と、イエスは約束してくださいました。本当に私たちはこれからのことを考え過ぎます。神が存在しないかのように心配し過ぎるのではないのですか。神は導いてくださいます。神を信じている私たちは、ゆとりをもって生きることができます。「髪の毛の一本も決してなくならない」とイエスがおっしゃったように、神は徹底的に私たちを見守ってくださるのです。

最後にイエスはお命じになりました。「忍耐によって、あなたがたは命をかち取りなさい」。この心をもって、家庭においても、会社においても一生懸命尽くしましょう。そして「神の翼の下で私たちは生きているのだ」という信頼の心を持ちましょう。これこそ世の終わりを迎えるために一番良い心です。私たちがこのように生きることによって、証しを立てることができるのです。

神は私たちと共にいらっしゃいます。何とも言えない神の温かく広い翼の下で、私たちは生活しています。

王であるキリスト

ルカ二十三・三十五―四十三
第一朗読　サムエル下五・一―三
第二朗読　コロサイ一・十二―二十

今世界で大きな権力を持っているのは、先進国の大統領たちです。多くのお金、軍隊、そして最新の兵器などを持っているのです。おそらく、大統領たちは自分の国を基準にして「目には目を、歯には歯を」という価値観を持っているのでしょう。テロに対して武器を使って戦っています。このようなやり方がある限り、世界は平和になることはないと思います。この考えと戦略によって、おそらく以前よりテロがはびこっているのではないかと思います。私は別に人を裁く資格もなければ、裁きたくもないのです。その人たちにも理由はあるでしょう。でも客観的に見ると、テロや争いはひどくなっています。

王であるキリストは、私たちにその価値観について考えさせるのです。この世の大統領とは正反対です。キリストの基準、キリストの価値観は、右の頬をうたれたら左の頬を出しなさい。誰かがあなたの下着を盗んだら上着も与えなさい。あなたを迫害する人がいれば、その人のために祈りなさい。飢えている人がいれば食べさせなさい。渇いていれば水を与えなさい。悪をもって悪に勝つのではなく、善をもって悪に勝ちなさい、というものです。それが私たちの王であるキリストの基準です。そのようにイエスは素晴らしいことを教えてくださいましたが、いざというとき、具体的にどのような態度を持つべきでしょうか。考えてみてください。イエスは三十三歳の若さで、罪もないのに十字架の上で殺されました。兵士たちに侮辱され、議員たちにあざ笑われ、釘で手足を貫かれ磔《はりつけ》にされました。その苦しみの最中で、イエスの声が高く響いたのです。「父よ、彼らをお赦しください。自分が何をしているのか知らないのです」と。

これが私たちの王であるキリストのなさり方です。私たちがしなければならないことは、テロに対して武器戦争ではなく、キリストと同じように赦しと愛を与えることです。イエスは、隣の十字架の犯罪人に対して「あなたは今日わたしと一緒に楽園にいる」と約束なさいました。犯罪人がその言葉を聞いたとき、ものすごく感激したと思います。

「王であるキリスト」、本当に深い響きがあります。私たちはキリスト者として、イエスと同じ基準、同じ価値観を持ちましょう。私たちを迫害する人を赦し、その人のために祈りをささげましょう。

今日、私たちはキリストのもとで、キリストと同じ心をもって祈ることを新たにしたいと思います。私たちがこのような心を持てば、私たちが世界平和のために祈りをささげるとき、その祈りは特別な力を持っています。

最後に可愛い子どもたちにひとつの実例を話します。それは聖ヨハネ・ボスコ（ドン・ボスコ）が若い頃の話です。

聖ヨハネは、トリノから三十キロメートルほど離れたベッキという北イタリアの小さな村で生まれました。二歳の時に父を亡くし、貧しい子ども時代を過ごしましたが、司祭になるという夢を持って勉強に励みました。やがて司祭になった彼は、トリノで貧しく恵まれない子どもたちを集め、世話をしていました。十代の子どもたちは大変いたずらでした。ヨハネはその子どもたちに勉強を教えていました。ヨハネのお母さんは、毎日子どもたちのために食事を準備したり、洗濯をしたりしていました。そのためにヨハネのお母さん、マルゲリータはとても忙しかったのです。

ある日、子どもたちがひどいいたずらをしました。マルゲリータはかんかんに怒って息子の部屋に入って、「もう我慢ができない。私は今日ここから出ていきます」と言いました。

その部屋の壁には十字架が掛けられていました。それで、息子のヨハネはその十字架を指さしたのです。前に立って怒っていたお母さんも十字架を見ました。一分、二分経っても二人とも黙っていました。五分経ちました。すると、急にお母さんは十字架に向かって頭を下げると、エプロンをかけて台所に行き、子どもたちのために料理を作りだしました。

お母さんはすべてを赦したのです。

おそらくお母さんは十字架のイエスの姿を見て、「子供たちのいたずらを赦さないなんて、私は何とつまらない人間なのだろう」と感じたのだと思います。お母さんは回心しました。それからお母さんは最後まで、息子と一緒に子どもたちのために働きました。息子はサレジオ会という有名な修道会を創立しました。すべては赦しから始まったことです。あの時、お母さんが赦さなかったら、たぶん今サレジオ会はなかったですよ。私たちもこのような気持ちを持ちましょう。

今日私たちは、私たちの素晴らしい王であるキリストの国の民として、心を新たにしたいと思います。

祝祭日

聖ヨセフ（3月19日）

ルカ二・四十一―五十一a

第一朗読　サムエル下七・四―五a、十二―十四a、十六

第二朗読　ローマ四・十三、十六―十八、二十二

二〇一四年八月二十日広島に大雨が降り、山が崩れ、七十四人が亡くなりました。亡くなった人々の中に祇園教会の岡村健二さんがいました。その夜、健二さんは奥さんと一緒に寝ていました。奥さんは無事でしたが、ご主人の健二さんは、家に流れ込んできた泥に埋もれてしまったのです。

岡村さんはどのような方だったのでしょうか。

一九七五年から七九年までカンボジアでは、恐ろしいポル・ポト政権の下で、拷問を受けたり、飢え死にしたりした人がたくさんいました。およそ国民の四分の一が亡くなりました。そして知識人と言われる人がすべて殺されました。二〇〇一年に祇園教会の六人の高校生は、貧しい子どもたちを助けるためにカンボジアに行きました。まだその当時のカンボジアは内戦の

傷跡が深く、復興には程遠い状況でした。高校生は帰ってから現地の様子を伝えてくれました。私たちは、国を立て直すためには子どもの教育から始めなければならないと思いました。そのような状況のとき、岡村さんご夫妻は、多大な寄付をしてくださり、カンボジアにいくつもの学校を建ててくださいました。

岡村さんは子どもには恵まれませんでしたが、カンボジアと、また後にアフリカのたくさんの子どもたちに食べ物、教育、健康を与え、その子どもたちを生かしました。岡村さんご夫妻は、たくさんの子どもたちの精神的な親であるという確信を持ちながら老後を過ごしていました。司祭や修道者も子どもはありませんが、母性と父性を誇りにして、たくさんの方々の精神的な親となっています。

今日は聖ヨセフの祭日です。聖ヨセフもイエスの保護のお父さんでした。聖ヨセフは幼いイエスのために、一生懸命働き、育て、教え、導きました。イエスの体の父ではなくても、イエスの精神的な父であるという確信を持っていたので、幸せだったと思います。

イエスは、祈られるとき「アッバ」と神を呼び、神である御父と話しました。イエスはナザレの生活を送っていたときに、毎日何回もヨセフに、御父に呼びかけると同じように「アッバ」と呼びかけたと思います。父親と母親は二つの働きをします。子どもの体を誕生させる働き、そして子どもが一人前となるまで養い、育てる働きです。誰でも、この親の第二の働きで、人を育て、養い、元気を与えることによって、精神的な親となることができるのです。今日、聖ヨセフと岡村さんご夫妻は、大事なことを私たちに教えてくださいます。

洗礼者聖ヨハネの誕生（6月24日）

ルカ一・五十七―六十六、八十

第一朗読　イザヤ四十九・一―六

第二朗読　使徒言行録十三・二十二―二十六

イエスはご自分の親しい友だちをどのように導くのでしょうか。イエスは、優しい親しみを表す一方で、冷たい厳しい態度を表します。数年前に亡くなったマザー・テレサに対して、イエスは最高の親しみと同時に、厳しいすさみと冷たさを彼女に与えました。「あなたはイエスの愛を受けている。わたしはといえば、むなしさと沈黙にさいなまれている。見ようとしても何も見えず、聞こうとしても何も聞こえない」と、マザー・テレサはそのすさみの苦しみを手紙で訴えています。

イエスは洗礼者ヨハネにも、同じように親しみと厳しさの両方を与えました。イエスは神の身分でありながら、へりくだって、洗礼者ヨハネにご自分に洗礼を授けるように命じました。これは洗礼者ヨハネにとって生涯の喜びのクライマックスであったでしょう。また、イエスは、洗礼者ヨハネの弟子であったアンデレとヨハネを弟子として選びました。そして、イエスは洗礼者ヨハネについて言われました。「およそ女から生まれた者のうち、洗礼者ヨハネより偉大な者は現れなかった」(マタイ11・11)。

しかし、イエスは洗礼者ヨハネに厳しい態度を表します。ヨハネは牢の中から、自分の弟子をイエスのところに送って尋ねました。「来るべき方(メシア)は、あなたですか。それともほかの方を待たなければなりませんか」(マタイ11・2―3)。イエスはいろいろな人々を助けるためにたくさんの奇跡を行いましたが、洗礼者ヨハネを釈放させるために何もしませんでした。ヘロデは洗礼者ヨハネの首をはねました。愛していた洗礼者ヨハネに対して、イエスは温かい親しみと、冷たい厳しさを示しました。

父なる神も、ご自分の独り子に対して、素晴らしい親しみを表すご変容(ルカ9・28―36)と同時に、厳しいゲッセマネの苦しみと十字架につけられることをゆるしました。また、父である神は、イエスに「わが神、わが神、なぜわたしをお見捨てになったのですか」(マタイ27・26)と言わせるほど、厳しい体験をさせたのです。

神の親しみと、悲しい寂しさを経験した神秘家であったロヨラの聖イグナチオは、この神の引力的な親しみと、遠心力的な冷たさについて、霊の識別の規則を書きました。「慰めを感じるときには感謝と謙遜をもって、そしていつ来るかわからないすさみに備えなさい」と勧めます。また、「すさみの状態にあるときは、必ず神の訪れの日が来るので、忍耐と希望を持つように」と勧めています。

聖母の被昇天（8月15日）

ルカ一・三十九―五十六
第一朗読　黙示録十一・十九a、十二・一―六、十ab
第二朗読　一コリント十五・二十―二十七a

日本では、田舎の道端のところどころで、可愛いお地蔵さんが旅人を見守っています。同じようにヨーロッパでも、道のところどころにマリアの祭壇が置いてあり、道を歩く人々を見守っています。ロヨラの聖イグナチオは、回心の初めからマリアの保護を求めて、デラ・ストラーダ（道という意味）のマリアにたびたび祈りました。イグナチオは、イエズス会の最初の教会を「道の聖母（サンタ・マリア・デラ・ストラーダ）」と名付けました。教会の中には、幼子イエスを抱いた聖母マリアの絵画があり、その絵も「道の聖母」と呼ばれています。

いとこのエリサベトに会うために、百二十キロの道のりを歩いているマリアについて黙想しましょう。マリアは、おそらく一人でナザレから旅立ちました。エリサベトは、長い間待ちに待った母親になる恵みが与えられたことで、感謝と喜びにあふれていました。マリアは、喜ぶエリサベトと喜びを共にし、温かいお祝いの挨拶を贈るために旅をなさいました。

また、マリアはもう一つの目的を持っていました。それは、「私の胎内の子、イエスが、エリサベトの胎内の子、ヨハネを祝福するように」という目的です。皆さんもイエスと親しく付き合いたいなら、この祝福の恵みをマリアに取り次いでくださるように願ってください。必ずマリアはあなたをイエスに会わせてくださいます。

偶然であるかどうかわかりませんが、今日八月十五日は、日本の私たちにとって大きな意味を持つ日でもあります。この日、たびたびマリアは私たちに大きな喜びを与えてくださいました。一五四九年の八月十五日、サビエルは鹿児島に着き、日本にキリスト教を伝えました。また、八月十五日は終戦記念日です。一九四五年の八月十五日、恐ろしい戦争が終わり、マリアは、ありがたい平和を私たちに与えてくださいました。

百二十キロ歩いたマリアは「道のマリア」と呼んでもよいでしょう。道は必ず目的地に導きます。マリアは、喜んで私たちにイエスを運んでくださり、天国の目的地に導いてくださいます。命の与え主であるイエスを生んだマリアは、死の腐敗がない体と魂をもって天国にお入りになりました。先立って天国に行かれたイエスは、母マリアに太陽の着物を着せ、月の足台を用意し、全教会を表す十二の部族の星の冠をマリアの頭に被《かぶ》せました。

私たちも母マリアの足跡を踏み、奉仕しながら喜びを人々に与えましょう。そして目的地である天国に向かって、人生の道を歩んでいきましょう。

あとがき

カンガス神父は毎日曜日、主日のみ言葉を現実の生活に合わせて解釈しながら説教しています。そして、生き生きしたメッセージをわかりやすく、力強く伝えてくれます。その話を聞くと、彼がいつも神の愛からすべてを見ていることがよくわかります。

C年の「カンガス神父のメッセージ」の表題は「愛と生命《いのち》と平和」です。

神は「愛」です。私たちが失敗しても、弱さに負けても、神の慈しみは変わることはありません。神は決して私たちを見捨てられることがないのです。私たちの弱さ、失敗、罪を通して、神はご自分の無償の愛を悟らせてくださいます。

復活なさったイエスは死に打ち勝ちました。新たな「生命《いのち》」に移られたことによって、私たちをも新たに生かしてくださいました。カンガス神父が言うランプとろうそくの違いの話はわかりやすいでしょう。「ランプの光はただ明るくするだけですが、ろうそくは灯を分かち合うのです。キリストの命を灯されることによって、私たちもほかの人を照らす力が与えられます。人々の中にある才能、力、美しさの花を咲かせることができます」。

イエスは言われました。「わたしは、平和をあなたがたに残し、わたしの平和を与える。わたしはこれを世が与えるように与えるのではない」（ヨハネ14・27）。イエスの「平和」とは何でしょうか。カンガス神父は説明しています。「聖書にあるように、自分にしてもらいたいことを相手にしたり、自分を愛するように隣人を愛してほしいと思います。これこそ、真の平和です」。

皆さまも、この本を読み味わいながら、イエスが与えてくださる光のうちに歩んでいきましょう。一人ひとりに、真の平和に生きる恵みが与えられますよう心から祈っています。

２０１５年５月31日　三位一体の主日に

マヌエル・アモロス　Ｓ．Ｊ．

感謝のことば

四年ほど前、上石神井の黙想の家でカンガス神父さまに偶然お会いしたとき、「イグナチオ教会での主日ミサをずっとテープに録音してあるので、何らかの形で生かしてほしい」と依頼されました。アモロス神父さまにご指導を仰ぎ、六人のグループができました。何をどのように編集するかについてまず話し合い、それから作業手順を決め、それぞれのタレントに応じて役割を分担しました。それは必ずしも平坦な道ではありませんでしたが、今私たちはそのすべてに感謝しています。この体験を通して、初対面だった私たちが、キリスト・イエスに集められた仲間として互いを尊敬し、一致しながら活動する兄弟姉妹へと変えられていったからです。

待ちに待ったA年の「愛と喜びと一致」が書店に並んだのを見たときの感激は忘れられません。続けてB年の「愛と信頼と希望」も出版され、読者の方から「わかりやすくて心に響く」、「祈りの助けになっている」、「ミサの前に読んでいる」、「問題を抱えている家族で一緒に読み、祈っている」などのお手紙をいただいたときには本当にうれしく、その喜びを感謝のうちに皆で分かち合いました。神さまの道具として働くことができた喜びは、とても静かで深いものでした。

経済が優先されるわが国では、心身ともに疲れている方も多く、余裕のない生活で周りの方々に心を向けたり、命を大切にしたりすることが難しくなっているようです。戦後七十年を迎えた今年、「愛と生命と平和」をもってシリーズ最後の三冊目をお届けできる恵みを神さまに感謝し、一人ひとりの心が平和に満たされ、真に平和な世界が実現するよう祈りたいと思います。

聖母の騎士社編集長の赤尾満治神父さま、スタッフの大川乃里子さんをはじめ、お世話になった皆さま、また支えてくれた家族にも心からお礼申し上げます。そして、今この本を手に取ってくださっているあなたにも、心からの感謝をもって……ありがとうございます。

２０１５年６月12日　イエスのみ心の祭日に

編集者一同

ルイス・カンガス　S. J. （Luis Cangas, S.J.）

1926年、スペイン生まれ。

1941年、イエズス会入会。1951年、来日。1958年、司祭叙階。

1966年、聖イグナチオ教会助任司祭着任。

1978年、NHK大河ドラマ『黄金の日々』ルイス・フロイス役。

1982年から1998年3月まで聖イグナチオ教会主任司祭。

1998年4月から2007年4月まで、広島教区カトリック祇園教会主任司祭。

2007年、山口教区カトリック山口教会助任司祭着任。

主な著書『希望に生きる』ドンボスコ社

『あなたに知らせたかったこの話』女子パウロ会

『光と希望』『イエス伝』『愛と喜びと一致』『愛と信頼と希望』

聖母の騎士社

愛と生命と平和

カンガス神父のメッセージ　C年

イエズス会霊性センターせせらぎ＝編

2015年11月29日　初 版 発 行

発 行 者　赤 尾 満 治

発 行 所　聖母の騎士社
〒850-0012 長崎市本河内2-2-1
TEL.095-824-2080　FAX.095-823-5340
www.seibonokishi-sha.or.jp

製版・印刷　聖母の騎士社

製　本　隆 成 紙 工 業

Printed in Japan

落丁本乱丁本は小社あてにお送りください。送料は小社負担にてお取り替えします。

ISBN978-4-88216-363-3 C0016

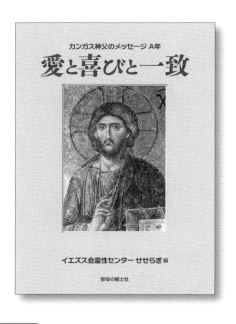

カンガス神父のメッセージ B年

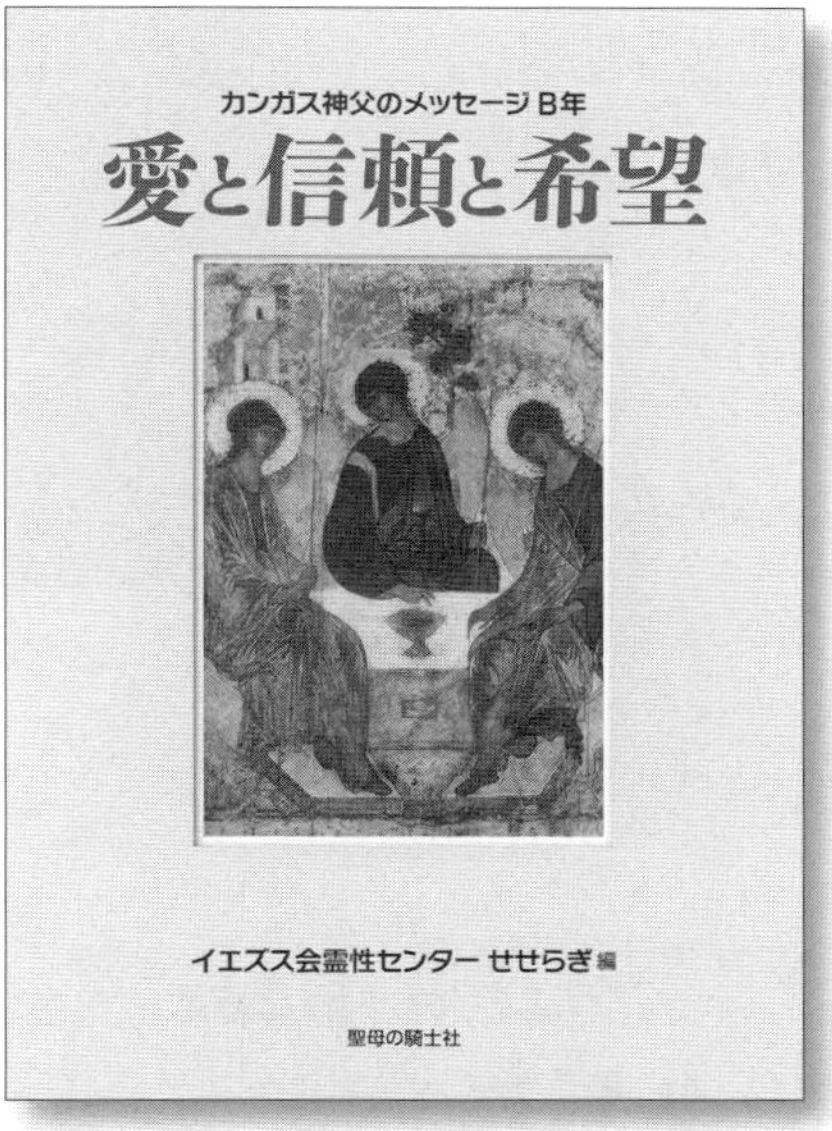

単行本

「愛と信頼と希望」

カンガス神父のメッセージ B 年

イエズス会霊性センターせせらぎ=編

定価 1,600 円+税　A5サイズ・222 頁

ISBN978-4-88216-357-1 C0016

み言葉は、ミサの原動力です。その日の聖書を味わって心を整えてからミサに与る人は、より多くの恵みをいただくことでしょう。……〔愛と喜びと一致〕に続くカンガス神父のメッセージ。

ルイス・カンガス S.J. (Luis Cangas, S.J.)

聖母文庫既刊 **No.263**

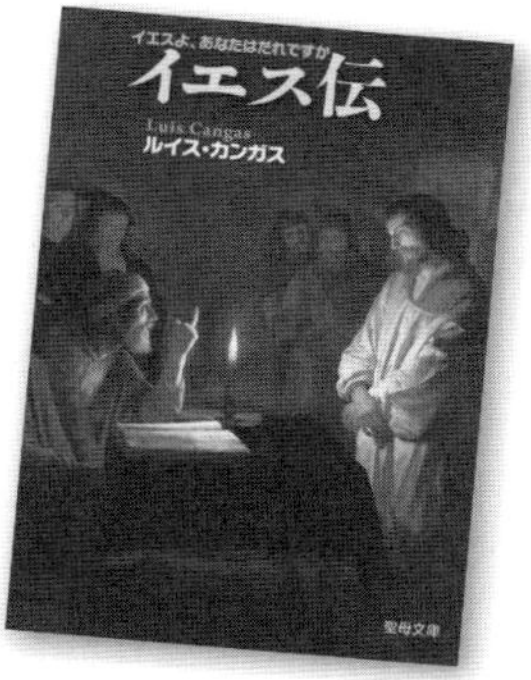

「イエス伝」

イエスよ、あなたはだれですか

ルイス・カンガス=著
定価 1,000 円+税　文庫サイズ・461頁
ISBN978-4-88216-330-5 C0195

日本人ばかりではなく、たくさんの国々の人々がこの 2000 年の間、イエス・キリストを愛し、彼に従いました。男も女も彼のために、全てをささげ命さえ捧げました。この不思議なイエス・キリストとはどのような方でしょうか。(「はじめに」より)

聖母文庫既刊 **No.184**

「光と希望」

カトリックの教え解説

ルイス・カンガス=著
定価 600 円+税　文庫サイズ・369 頁
ISBN978-4-88216-231-5 C0116

愛の教え、家庭、社会、倫理など、
キリスト者の道を聖書に照らして案内する1冊。

●聖母の騎士社●
〒850-0012 長崎市本河内2-2-1 TEL 095-824-2080/FAX 095-823-5340
E-mail: info@seibonokishi-sha.or.jp
ホームページ http://www.seibonokishi-sha.or.jp/